AF633542

Le corps inconscient

Et l'Âme du monde
selon C.G. Jung et W. Pauli

Ouverture philosophique

Collection dirigée par Aline Caillet, Dominique Chateau, Jean-Marc Lachaud et Bruno Péquignot

Une collection d'ouvrages qui se propose d'accueillir des travaux originaux sans exclusive d'écoles ou de thématiques.

Il s'agit de favoriser la confrontation de recherches et des réflexions, qu'elles soient le fait de philosophes « professionnels » ou non. On n'y confondra donc pas la philosophie avec une discipline académique ; elle est réputée être le fait de tous ceux qu'habite la passion de penser, qu'ils soient professeurs de philosophie, spécialistes des sciences humaines, sociales ou naturelles, ou… polisseurs de verres de lunettes astronomiques.

Dernières parutions

Pierre-André STUCKI, *Démocratie et populisme religieux. L'homme est-il un loup pour l'homme ?*, 2016.
Ange Bergson LENDJA NGNEMZUE, *Identité et primauté d'autrui. La philosophie merleau-pontyenne de l'hospitalité*, 2016.
Mahamadé SAVADOGO, *Théorie de la création, Philosophie et créativité*, 2016.
Marc LEBIEZ, *Œdipe athée, Les hommes abandonnés des dieux*, 2016.
Philippe FLEURY, *Nicolas de Cues et Giordano Bruno, philosophes de la Renaissance*, 2016.
Christian SALOMON, *La Condition corporelle*, 2015.
Edmundo MORIM de CARVALHO, *Paradoxes et peinture I : Escher, Klee, Kandinsky, Matisse, Picasso*, 2015.
Edmundo MORIM de CARVALHO, *Paradoxes et peinture II : Monochrome, Hyperréalisme, expressionnisme abstrait et pop art*, 2015.
Lenka STRANSKA, Hervé ZÉNOUDA (dir.), *Son – image – geste. Une interaction illusoire ?*, 2015.
Jean-Luc EVARD, *Du sensible au sensé*, 2015.
Philippe FLEURY, *Philosophie de l'histoire et cosmopolitisme*, 2015.
Aouichaoui Mohamed KARRAY, *Thomas Hobbes et l'idée de puissance*, 2015.

Bruno Traversi

Le corps inconscient

Et l'Âme du monde selon C.G. Jung et W. Pauli

Préface de Michel Cazenave

Postface de Baldine Saint Girons

L'Harmattan

Ouvrages du même auteur

Auteur :

. *Intermède pour Sorciers - lorsque les choses s'animent... expériences merveilleuses de l'Arrière-monde,* Cénacle, 2016

Direction d'ouvrages collectifs :

. *Être parmi les choses en Occident et au Japon – chez C.G. Jung, W. Pauli et M. Ueshiba,* Cénacle, 2016.
. *L'éducation selon Ueshiba Morihei – entre Occident et Japon*, Cénacle, 2016.
. *Le corps et le sabre*, Cénacle, 2012.

Co-traducteur :

. *Takemusu Aiki,* Ueshiba Morihei, Volume 1, Cénacle, 2006.
. *Takemusu Aiki,* Ueshiba Morihei, Volume 2, Cénacle, 2008.
. *Takemusu Aiki,* Ueshiba Morihei, Volume 3, Cénacle, 2010.

© L'Harmattan, 2016
5-7, rue de l'École-Polytechnique ; 75005 Paris
http://www.harmattan.fr
diffusion.harmattan@wanadoo.fr
harmattan1@wanadoo.fr
ISBN : 978-2-343-08529-6
EAN : 9782343085296

境界 – Frontières

L'image de couverture, reproduction d'une illustration d'*Atmosphère* de Camille Flammarion, montre un missionnaire du Moyen Âge muni de son bâton de voyageur, se glissant par l'ouverture basse qu'il découvrit dans la voûte, paroi ténue, mais ordinairement inapprochable, entre le monde terrestre et le monde céleste. De son propre aveu, la trappe étant étroite, il dut s'y glisser avec difficulté « en pliant les épaules ». Ce qui questionne ici, ce n'est pas tant la vision que l'intrusion. Flammarion oppose l'espace atmosphérique, que l'on peut parcourir « en ballon » sans jamais rencontrer de frontières, à l'espace du sublime dans lequel le prêtre aurait pénétré. Cet apologue n'est pas sans retentir avec la distinction que fait Morihei Ueshiba entre l'espace qui s'offre à nos yeux 目に見るところ – étendue ouverte – et celui d'un arrière-monde, espaces séparés par une frontière invisible que l'on peut éprouver néanmoins par le corps et dans l'action, selon lui. De semblables frontières 境界 psychophysiques apparaissent également lors des danses extatiques japonaises, Kagura Mai, en rompant l'étendue. Au terme de cette étude, il me semble pouvoir soutenir qu'elles résultent d'un processus de dévoilement spontané et inconscient : le monde intérieur objectif « remonte » pour faire effraction dans le cours des phénomènes – porté par les voies de la sensibilité du corps qui, tout à la fois, l'exprime et l'explore.

Présentation

Cette étude sur le corps et l'inconscient, et particulièrement sur la spontanéité corporelle, se fonde sur les travaux communs de Carl Gustav Jung, fondateur de la psychologie des profondeurs, et de Wolfgang Pauli, l'un des « pères » de la physique quantique. Ils collaborent pendant plus de vingt-cinq ans, de 1932 à 1958, autour du « problème psychophysique », c'est-à-dire autour de la question de l'unité de la sphère physique et de la sphère psychique, deux dimensions que nous concevons ordinairement comme clairement distinctes. Le psychologue et le physicien soutiennent que ces deux domaines sont les aspects d'une réalité unique, d'un « arrière-plan » selon l'expression de Pauli, ou d'un « monde antérieur » selon celle de Jung, mi-physique et mi-psychique.

Selon eux, le monde manifesté, tel que nous le vivons au quotidien, est le « reflet » de cet arrière-monde étranger à la flèche du temps. La matière et l'inconscient, à travers leurs lois, en portent les marques, mais aussi le corps, comme en témoignent certaines expériences corporelles, telles les « danses du mandala » que Jung évoque. Si le dualisme cartésien, puis le développement de la science physique classique, qui aboutissent au XIXe siècle à un « matérialisme naïf » selon les mots de Werner Heisenberg, nous ont fait perdre le vécu de ce « corps originel », nous pouvons toujours le retrouver.

Pour étudier ces expériences corporelles, nous avons organisé des ateliers de danse Kagura Mai (danse japonaise de type « mandala ») pendant une dizaine d'années. Au cours de ces ateliers, nous avons pu observer un processus d'extériorisation lié à la spontanéité 自然 [jp. shizen, ch. rizan] corporelle. Ce processus d'extériorisation oriente l'activité du corps selon une structure et une dynamique très précises, identiques chez tous les sujets. Il s'agit d'une « remontée », à travers la sensibilité et la motricité, de contenus inconscients. Nous nous sommes attachés à cerner le caractère objectif de ces « remontées ».

Notre démarche, tout à la fois théorique et pratique, nous a finalement permis de dégager une *structure inconsciente du mouvement* conforme à la théorie psychophysique de Jung et de Pauli – et de montrer, par ailleurs, combien le paradigme scientifique, le vécu corporel, et les modalités du vivre-ensemble (l'organisation et le gouvernement de nos cités) sont intimement liés et se conditionnent mutuellement.

***

La présente étude est tirée de ma thèse de philosophie, *La danse comme spontanéité, hypothèse d'une structure inconsciente du mouvement* – obtenue avec la mention « Très honorable avec les félicitations du jury à l'unanimité », le 7 février 2015 à l'Université Paris Ouest Nanterre. Je tiens à remercier les membres du jury : Jean-François Balaudé, professeur de philosophie et président de l'Université Paris Ouest Nanterre qui a dirigé ma thèse ; Baldine Saint-Girons, professeure émérite de philosophie à l'Université Paris Ouest Nanterre, présidente du jury ; Anne Boissière, professeure de philosophie à l'Université Lille3 ; et Christine Maillard, professeure d'études germaniques à l'Université Marc Bloch-Strasbourg2.

Préface

Par Michel Cazenave

On voit bien dans ce texte, qui était au départ celui d'un doctorat universitaire, à quel point, ayant tenu compte des travaux de Mme Maillard, de l'Université de Strasbourg, et de mes propres commentaires (j'ai été si longtemps l'éditeur de Jung, puis celui de la correspondance, qui a duré quelque vingt-cinq ans, entre le psychiatre suisse et Wolfgang Pauli, prix Nobel de physique, et l'un des « pères » de ce qu'on appelait alors la « mécanique quantique » – ainsi que de toutes les réflexions de ce dernier dans le domaine philosophique et dans celui de la psychologie des profondeurs, où il était très proche des positions de quelqu'un comme Werner Heisenberg !), on voit bien, disais-je, comme Bruno Traversi, formé aux disciplines corporelles de l'Extrême-Orient, a assidûment fréquenté ces deux auteurs et en a tiré toute la « substantifique moelle ».

Puisque Jung, avec l'approbation formelle de Pauli, a toujours tenu que, s'il ne pouvait céder sur ce qu'il appelait « la réalité l'âme », cette âme devait toujours être en communion profonde avec tout ce que nous soufflait notre corps. Serait-ce donc pour rien que, dans l'étude qui a longtemps été la sienne de l'Alchimie comme nous l'avons pratiquée, il termine ce qui aura été son « grand œuvre », c'est-à-dire le « Mysterium Conjunctionis », par une étude de ce que Gherard Dorn, le grand élève de Paracelse, appelle l'« Unio corporalis », autrement dit les noces de l'âme et de l'esprit réconciliés, avec notre structure corporelle – sans quoi il ne saurait y avoir de percée vers ce que Scot Erigène, l'un des « mentors » de Wolfgang Pauli à la suite des conseils de Markus Fierz, professeur de physique théorique et de mathématiques dans l'une des plus prestigieuses universités de Suisse, dénommait déjà l'« Unus Mundus » : ce monde Un où la différenciation n'était pas encore établie entre le psychique, le spirituel et le matériel ?

Réalité que Jung avait déjà relevée dans les notes finales qu'il avait écrites sur ce chef d'œuvre de l'Alchimie taoïste qu'est le *Mystère de la fleur d'or* – et en se rappelant que le chan inspiré, justement, du Tao, dans son mélange avec la tradition bouddhiste chinoise, a donné ce zen au Japon, que Suzuki avait si fort popularisé…

Ce qui nous fait souvenir de cet apologue zen, précisément, où l'on relève que, si l'homme ordinaire croit que la montagne existe, celui qui connaît la libération prend en compte qu'elle n'existe pas réellement, jusqu'à ce qu'il arrive à cette suprême connaissance où il doit bien admettre que, selon son mode de réalité, la montagne existe bel et bien.

Et il me semble que c'est là qu'est parvenu Bruno Traversi…

Il est vrai que l'Orient dont parle Jung est celui de Suzuki, qui a introduit le bouddhisme en Occident, et qu'il avait connu et écouté aux rencontres d'Ascona, en Suisse italienne. Mais quoi ! Ce bouddhisme existe, et il n'est que de lire les pages qu'Henry Corbin y a consacrées dans le rapport à Jung, pour savoir qu'on pouvait avoir de bien plus mauvais introducteurs !

Toujours est-il que, dans la logique de sa formation de base, Traversi s'est longuement interrogé sur la « structure inconsciente du mouvement », dans l'optique qui était celle de Jung et de Pauli, en se souvenant de ce que l'« inconscient collectif » auquel fait si souvent référence le psychologue de Zürich correspond de très près à ce qu'un philosophe de la dernière génération des Romantiques allemands, Carl Gustav Carus, appelait l'« inconscient absolu » – et, de toute façon, à l'antique « Âme du monde » des métaphysiciens grecs (avec tout ce que ce mot emportait pour eux), de ceux d'Alexandrie et plus tard, de bien des « mystiques » de l'Islam dans la mesure où ils tentaient de réfléchir leur expérience – de la même façon, me semble-t-il, que l'inconscient découvert par Freud répondrait assez bien à ce que Carus dénommait l'« inconscient relatif »…

Avec cette notion, et ce qui va avec, de ce que Jung repère comme « imagination active », et que des gens comme Ibn'Arabi, puis les soufis de Perse, jusqu'à un savant occidental comme Henry Corbin en dernier lieu, ont qualifié d'« imagination créatrice », on ne s'étonnera pas de ce chef de voir apparaître toute la cohorte d'esprits, de fantômes, bref, de tout ce que les Japonais désignent comme manifestations des kami : car il y a là une manière de prendre ces phénomènes au sérieux, et de leur accorder une certaine réalité – même s'ils ne relèvent certainement pas de notre réalité quotidienne, et, osons-le mot, purement physique.

Soyons donc reconnaissants à Bruno Traversi de s'être aventuré dans ce qui nous demeure très largement une jungle, et, en tentant d'y introduire notre raison occidentale (mais comme nous sommes loin, avec la physique de Pauli, de cette pure relation de cause à effet que promouvait la physique classique, dont l'idéal était de devenir « maître et possesseur de la Nature » !), d'avoir fait sortir au grand jour ce que voulaient vraiment dire les échanges combinés de Jung et de Pauli !

Introduction

De la fondation de Rome au problème psychophysique

« Sans le fil conducteur du corps,
je ne crois à la validité d'aucune recherche. »

Nietzsche

Carl Gustav Jung relate avoir observé plusieurs de ses patientes exécuter involontairement une danse aux figures géométriques. La danse se produit spontanément dans une demi-inconscience. Les jeunes femmes sont en transe[1], dans une espèce de dédoublement : fascinées par une grandeur intérieure, devenues absentes à leur environnement, elles sont comme conduites, malgré elles, à suivre un chemin dont le tracé nécessaire rappelle celui des mandalas. Qu'est-ce qui les « pousse » ainsi ?

Les mandalas sont des objets rituels bouddhiques exprimant l'ordre de l'univers dans ses différents plans. Ils se caractérisent par leurs formes géométriques : emboîtement de cercles et de carrés autour d'un centre commun, selon un principe de développement symétrique. Dans le cadre de la tradition bouddhique, les mandalas peuvent être peints, sculptés, édifiés sous forme de monuments, ou encore dansés. Par ailleurs, la structure géométrique typique des mandalas ne se rencontre pas uniquement dans les arts du bouddhisme, qu'il soit indien, chinois ou encore japonais, mais aussi dans de nombreux arts sacrés de toutes les cultures du monde. Jung en relève, par exemple, les motifs chez les Indiens Pueblos. « Le professeur Jung, écrit Charles Kerényi, a fait depuis longtemps la découverte que des hommes modernes, entièrement ignorants des mystères de l'Orient, dessinent

1Par « transe », nous désignons un état de conscience qui se caractérise par un sentiment de dissociation : le sujet n'a plus l'impression d'être à l'origine de son agir.

des figures dans le genre du mandala ou en rêve. [...] Avec toute la prudence de sa méthode d'investigation analytique, il constate que, dans le fait vécu du mandala, il s'agit d'une réalité psychique autonome, caractérisée par une phénoménologie qui se répète toujours et se retrouve partout identique. »[2] Ces figures préexisteraient-elles alors dans l'inconscient, indépendamment de l'histoire du sujet ? Et comment comprendre leurs manifestations spontanées ?

En outre, Kerényi souligne que des formes géométriques identiques se retrouvent également dans les rituels de fondation des villes. « Des cercles et des carrés dessinés en partant d'un centre commun apparaissaient dans l'Italie ancienne tout comme dans l'Orient bouddhique ; ils forment le plan sur lequel on édifie. »[3] Il convoque l'étude ethnologique de Léo Frobenius. Celui-ci remarque, dans ses *Monuments Africana,* qu'il existe une concordance dans les cérémonies de fondation des villes en Afrique occidentale avec celles des villes romaines : elles reposent identiquement sur un rituel consistant à tracer un cercle et un carré, et à marquer le centre et les quatre directions. Si Frobenius suppose que cette similitude des rituels témoigne d'un lien historique, d'un courant de civilisation partant de l'Orient jusqu'au Soudan occidental, pour Kerényi, elle montre la prégnance de ces formes inconscientes et de leurs portées tant sur le plan individuel que collectif.

Si cette architecture géométrique est, en effet, constitutive de la nature humaine, si elle relève de la spontanéité, doit-on y voir une forme d'instinct civilisationnel ? Qu'est-ce qui relie au juste les formes géométriques que dessine l'individu en proie à un processus interne de centrage, et les formes des rituels de

---

2Ch. Kerényi, *Introduction à l'essence de la mythologie*, Payot, p. 27.
3Ibid.

la fondation des villes que décrit, par exemple, Plutarque concernant la ville de Rome – appelée *Roma quadrata* – fondée par Romulus ? D'une part, il s'agit du rapport que l'individu entretient avec lui-même, d'autre part, il s'agit du vivre-ensemble, du sujet et de la cité, du *je* et du *nous*. Ces formes nous indiquent-elles un rapport entre l'unité du sujet et l'organisation du vivre-ensemble, l'édification et le gouvernement de la cité ? Pour répondre à cette question, il nous faut élucider ce qui relie deux domaines que nous considérons ordinairement comme étant séparés, le rapport intime que l'individu entretient avec lui-même, et la géométrisation de l'espace, c'est-à-dire la transformation du *sol* en *lieu* – transformation que Romulus opère lorsqu'il trace dans la terre un sillon circulaire à l'aide d'une charrue.

La gestuelle spontanée, c'est-à-dire non dirigée, libérée de l'emprise de la raison et de la volonté, et néanmoins ordonnée géométriquement, que Jung observe dans son cabinet, est un fait intriguant. Ordinairement, lorsque nous délaissons la volonté, autrement dit lorsque nous abandonnons le corps à lui-même, aucune structure géométrique *a priori* ne détermine ses postures et ses déplacements, en limitant son espace d'évolution. La gestuelle spontanée relève plutôt du chaos, du désordre, ou du moins de l'indéterminé, et l'espace ne montre aucune limite – il est *ouvert* dans toutes les directions. C'est pourquoi toute configuration spatiale apparaît-elle, au danseur contemporain qui recherche une expression gestuelle spontanée, une gestuelle naturelle en deçà de tout apprentissage, comme étant une construction. Par conséquent, la scène, avec ses limites strictes, est nécessairement appréhendée comme un espace qui contrevient à la liberté naturelle du geste spontané. Ainsi voit-on les danseurs contemporains évoluer hors de l'espace scénique, investir les places publiques, tels ceux du butō, ou au contraire inviter les spectateurs à monter sur scène pour transcender cette frontière artificielle qui partage et corrompt, selon eux, l'espace naturel qui est celui du corps libéré[4]. Pierre Zaoui distingue ainsi le *lieu*, espace construit, du *sol*, espace naturel. L'agencement du sol est perçu comme étant l'œuvre d'une volonté humaine qui s'impose à la nature, et par là même au corps. De ce point de vue, la circonscription de l'espace reviendrait, non seulement, à réduire la possibilité d'évolution du corps, mais aussi à le couper de la relation naturelle qu'il entretient avec le monde. Retrouver le sol, l'« *arché* première »[5], serait alors la condition pour retrouver le lien sensible, corporel, qui est au fondement du vivre-ensemble. Cette distinction que font les danseurs contemporains entre le lieu et le sol nous renvoie au tracé circulaire dans la terre que forme Romulus lorsqu'il fonde Rome. Faut-il penser, en adoptant leur point de vue, que l'acte inaugural de Romulus constitue un moment de rupture de l'homme avec son environnement, avec lui-même, avec son corps et avec ses semblables ? Il nous semble, à l'inverse, que le vécu corporel, à partir duquel Pierre Zaoui et les danseurs contemporains réfléchissent l'inscription de l'homme dans son environnement, est incomplet, tronqué de sa part la plus essentielle. L'hypothèse que nous allons défendre tout au long de cette étude est qu'il faut, pour saisir la nature du corps prendre en considération simultanément la spontanéité qui est au principe de la danse du mandala, qui produit un espace

4L'on pensera, par exemple, à Yvonne Rainer qui, dès les années 1960, invite le spectateur assis à se lever et à franchir cette frontière artificielle qui le tient éloigné.

5P. Zaoui, « La métaphysique, matrice de la danse moderne », *Philosophie*, n° 106, 2006, p. 63.

limité et orienté géométriquement, et celle de la danse contemporaine qui exige un espace ouvert. Il s'agira alors de saisir en quoi ces deux formes de spontanéité corporelle diffèrent l'une de l'autre.

La description que fait Jung de la danse du mandala, dans son *Commentaire sur le Mystère de la Fleur d'Or*, nous renseigne déjà sur la différence de nature entre ces deux formes de spontanéité : lors du tracé du mandala, le sujet est absorbé en lui-même ; tandis que dans la danse moderne, il est sous l'emprise du milieu ambiant, « à l'écoute de son corps, et du monde sensible ». « Ils expérimentaient la scène avec tout leur corps, regardant, reniflant, écoutant leur environnement et répondant par leurs mouvements aux sollicitations de cet environnement »[6], écrit Suan Leigh Foster en décrivant un atelier de danse ; il s'agit de « retrouver l'animal qui est en nous », explique Paxton, fondateur de la danse Contact Improvisation. Ainsi, les uns sont dans un état de fascination intérieur, coupé du milieu ambiant, manifestant une spontanéité que nous qualifierons d'« autonome » ; les autres sont tournés vers le monde des phénomènes, absorbés par les sensations, manifestant une spontanéité « hétéronome ». Comme nous allons le voir, si la spontanéité hétéronome ne demande pour s'éprouver qu'un laisser-aller sensitif, la spontanéité autonome requiert une conversion, « un retournement du regard » – nous trouverons ce principe ascétique chez Carl Gustav Jung et Wolfgang Pauli, puis chez Plotin (IIIe), Lu Tsou (VIIIe) et Morihei Ueshiba (XXe).

6« Improviser l'autre : spontanéité et structure dans la danse expérimentale contemporaine », Susan Leigh Foster, *Protée*, vol. 29, n° 2, 2001, p. 25-37.

Partie I

L'unité comme fusion

Spontanéité hétéronome.

Les danseurs du butō évoluent hors du cadre scénique, pour retrouver leur corps animal et faire un avec la nature et le monde.

Le butō et le Contact Improvisation se situent au confluent de la culture occidentale et orientale. Ces danses s'élaborent, en effet, dans un mouvement d'émancipation vis-à-vis de leur propre horizon culturel : Steve Paxton se tourne vers l'Extrême-Orient (le Japon notamment) pour créer la danse Contact Improvisation ; les initiateurs japonais du butō s'inspirent de la pensée occidentale.

Remarquons d'emblée que ces danses contemporaines rejettent toutes les deux la posture verticale qu'elles perçoivent comme le résultat d'un conditionnement culturel. Ce désir d'émancipation posturale se retrouve de la même manière dans de nombreuses pratiques dansées contemporaines. Leurs mouvements rampants constituent une réaction aux figures aériennes de danses traditionnelles. Ces gestuelles rampantes expriment, selon Pierre Zaoui, la « recherche d'une nouvelle terre ou d'un nouveau sol sur lequel repenser la généalogie même du mouvement »[7]. L'on voit le lien qui existe entre la volonté de retrouver, en deçà du *lieu* (espace limité et structuré), le *sol* originaire et le rejet de la posture verticale. Ces deux points, abandon de la posture verticale et du lieu, nous semblent emblématiques de la spontanéité hétéronome. En effet, comme nous le verrons, la spontanéité autonome, telle que nous avons pu l'observer dans la danse Kagura Mai (de type mandala) développée par Morihei Ueshiba après la Seconde Guerre mondiale, se caractérise au contraire par l'étirement de tout le corps dans la verticalité, au point d'entraîner le soulèvement des talons, et par son aire d'évolution strictement limitée et ordonnée. Notre position originelle alors est-elle la station rampante ? Ou la station verticale ? Notre espace naturel est-il le sol ? Ou le lieu ?

7P. Zaoui, « la métaphysique, matrice de la danse moderne ? », *Cahiers philosophiques*, n° 106, Edition Scérén, 2006, p. 55-71.

Dans cette première partie, nous nous efforcerons de distinguer les principes revendiqués, mais aussi les présupposés qui ne sont pas interrogés, à l'œuvre dans ces danses contemporaines lorsqu'elles recherchent une spontanéité réactive et un corps archaïque. Pour cela, nous nous situerons au confluent de l'Europe et du Japon.

I. SPONTANÉITÉ HÉTÉRONOME DANS LE BUTŌ

A. RETROUVER LE « CORPS ANIMAL »

Les initiateurs du butō, principalement Tatsumi Hijikata et Kazuo Ōno, se sont inspirés de la culture artistique européenne, notamment d'Antonin Artaud.[8] Néanmoins, le butō s'enracine profondément en terres japonaises à travers le shintō et le bouddhisme qui structurent son univers intérieur, à travers sa conception d'un corps énergétique [kitai, 気体] qui vient redoubler subtilement le corps de chair [nikutai, 肉体] au-delà des limites de la peau, et particulièrement par ses références au monde des kami 神 capables, selon la croyance populaire, de prendre possession d'un être humain[9]. Néanmoins pour comprendre la nature de la « spontanéité » qui est à l'œuvre dans ces danses, il faut bien distinguer les

8Au Japon, le butō fut classé, dès sa création, parmi les danses d'origine étrangère. Cette « danse des ténèbres » [ankoku butō 暗黒舞踏] a été ressentie au Japon, lors de ses premières manifestations en 1959, comme une forme d'art iconoclaste. Tatsumi et Kazuo Ōno se sont référés tout particulièrement à l'œuvre d'Antonin Artaud. *Le théâtre et son double* d'Artaud fut édité au Japon dès 1965.

9Rappelons que la mythologie shintō distingue trois mondes, la haute plaine céleste où résident les dieux, le monde des humains et le monde des morts. Selon la croyance populaire, les kami commercent avec les humains, la danse étant propice à leur apparition.

kamigakari (état de possession) vécus comme étant authentiques[10] de leur évocation dans le butō, jeu mimétique.

Les danseurs de butō et Antonin Artaud[11] se rejoignent autour du même désir de retrouver, sous le corps social, un « corps originel » qui n'est pas le produit d'une éducation accordant le primat à la raison. Pour retrouver l'unité originelle du corps et de l'esprit, les pratiquants du butō entendent, ainsi, délaisser la raison pour s'immerger dans le flux du vivant et retrouver leur nature primordiale, « animale ». Considérant que la position verticale relève d'un conditionnement culturel, ils la rejettent pour adopter des attitudes animales qu'ils jugent plus authentiques : affaissement de leurs postures, mouvements rampants, positions fœtales, ou encore recroquevillement des extrémités du corps. « Les pieds, décrit Sylviane Pagès, jamais pointés ou allongés dans le prolongement de la jambe, sont souvent en position flèxe, en tension ou crispation maximale, jusqu'à l'écartement en éventail de tous les orteils. Les mains, souvent crochues, parfois griffantes ou félines, sont en complètes oppositions avec l'usage des mains dominant alors les scènes. »[12] « Hijikata, écrit Alsan, élevé à la campagne, a observé les animaux et s'inspire d'eux pour faire jouer « autrement » le corps humain. [...] Ainsi, dans un solo de 1998, Murobushi

10Le kamigakari qualifié d'« authentique » se caractérise par des états de dissociation et l'activation de fonctions psychophysiques, caractéristiques des états de transe – ce qui n'est pas le cas dans le jeu d'acteur du butō qui tient du mime.

11En rejetant le règne de la raison et de la logique, Artaud se tourne vers l'Orient pour lui demander d'aider l'Europe – ce qu'il exprime dans sa *Lettre aux écoles de Bouddha.*

12Sylviane Pagès, « La réception du butō dans la danse contemporaine en France : contre-modèle esthétique et résurgence expressionniste », *Scènes françaises, scènes japonaises : allers-retours*. Théâtre/Public, 2010, p. 47-50.

évoque la musculature d'un chimpanzé mutant vers l'hominidé. » « Nous devons, écrit Hijikata, retracer l'histoire du corps jusqu'à la plus haute antiquité. »[13] C'est aussi la raison pour laquelle le danseur du butō préfère danser dans la nature – rejet du lieu, de la cité.

B. Le butō et le bouddhisme

Le corps originel que recherche le butō est donc le corps qui a retrouvé son unité avec le monde naturel. Unité qui nécessite de l'affranchir de la raison en privilégiant un travail spontané et sensitif[14]. Il s'agit de parvenir à ne pas réfléchir d'une part, et d'aiguiser les sens, d'autre part – « deux conditions pour pouvoir laisser le corps être ce qu'il est, le laisser bouger. »[15] « Cette danse, écrit Béatrice Picon-Vallin à propos du butō, qui semble donc s'exhiber, s'exposer de façon obscène, implique chez ceux qui la pratiquent une intériorisation qui n'est pas un repli sur soi-même. [...] Ce que retrouvent ces danseurs japonais, après leur voyage au bout de la nuit de l'enfer de l'ego, c'est l'effacement bouddhiste du *je*, la fusion dans l'Un, le Tout, le Soi ». Ce commentaire de Picon-Vallin présente bien, nous semble-t-il, l'essence de la spontanéité dans le butō : l'origine première (source du mouvement « spontané ») est identifiée au Tout sensible dans lequel doit se perdre le sujet – en se « fondant dans l'Unité » en « mêlant ses cellules à celles de l'environnement. »[16] Il est question ici d'une unité qui repose sur le contact organique, d'une *fusion*.

13Terayama Shūji cité par Odette Aslan, *butō(s)*, p. 238.
14Terayama Shūji, par exemple, impose à ces danseurs un entraînement quotidien de quatre heures dans le noir, pour aiguiser la qualité sensitive.
15D. de Lamberterie, *Métaphysique de la chair*, Cénacle, p. 76, 2012.

Toutefois, il faut relativiser l'affirmation selon laquelle cette fusion représente « l'effacement bouddhiste du *je* ». A quelle forme, à quelle école du bouddhisme Picon-Vallin fait-elle référence ici ?[17] En réalité, cette affirmation doit être entendue à l'aune des affrontements théoriques de certains courants du bouddhisme japonais concernant le statut à accorder au monde phénoménal, à la nature, au corps – et, par conséquent, à la nécessité et aux modalités de l'ascèse. La nature est-elle l'expression, c'est-à-dire le dévoilement, de celle du Bouddha ou en est-elle au contraire le voile ? Si la nature est le dévoilement du Bouddha alors toute ascèse perd sa raison d'être. Comme le souligne Bernard Faure, « si tous les êtres sont foncièrement éveillés, l'observance d'une stricte moralité et la pratique ardue de la contemplation semblent perdre leur raison d'être, et la spontanéité devient la valeur suprême »[18]. Ainsi, la doctrine du Daruma-Shū, prenant pour principe que le naturel est l'expression du Bouddha, se constitue en un déni des valeurs bouddhiques traditionnelles et de son yoga ascétique. Position déjà adoptée par certains maîtres Chan de l'époque des Tang, comme Mazu Dao (709-788) qui est célèbre pour sa formule : « l'esprit ordinaire est l'éveil ».

Déclarer que la nature telle qu'elle se donne de prime abord et l'esprit ordinaire sont les manifestations de l'esprit du Bouddha conduit logiquement à affirmer l'inanité des

---

16*butō(s)*, textes réunis par Odette Aslan et Béatrice Picon-Vallin, Paris, CNRS Editions, 2002, p. 294, p. 13.

17Les courants et les sectes bouddhistes sont nombreux, les uns et les autres s'opposant autant sur des points doctrinaux que sur le plan de la pratique – de sorte qu'il est pratiquement impossible de parler d'une manière générale du bouddhisme. Voir le traité de Ryauon Fujishima, *Les douze sectes bouddhiques du Japon.*

18B. Faure, *La vision immédiate* de Dōgen, Le Mail, 1987, p. 45.

pratiques ascétiques et à faire de la *spontanéité sensitive* le principe d'une vie saine et sainte[19]. « La délivrance, selon Mazu, résume Faure, consistait donc à « laisser les choses suivre son cours et [agir] à son gré. »[20] L'équation entre « spontanéité » [自然 ch. ziran, jp. shizen], « non-agir » et « subitisme » est caractéristique du Chan des débuts. »[21] Les écoles rivales, telles que celles du Tiantai et de la Terre Pure, s'opposèrent naturellement à cette façon de comprendre le statut de la nature et de rejeter par conséquent les pratiques de maîtrise. Mais non seulement, les excès qui découlaient de ces conceptions suscitèrent également des critiques au sein même de l'école du Chan. « Tous les adeptes du Chan n'étaient pas disposés à accepter des conclusions aussi radicales, et à admettre au non du principe de non-dualité, la valeur positive des passions, répudiant du même coup la pratique de la moralité. »[22] Faure résume ici le problème complexe de savoir comment comprendre le principe de la non-dualité, qui a traversé toute l'histoire du bouddhisme, et notamment du courant zéniste et des écoles ésotériques. « Toute la question, intensément débattue au sein du Chan comme du Tiantai et du Huayan, était de savoir si l'égalité entre l'absolu et le relatif était une identité de fait, déjà acquise, ou si elle ne s'avérait réelle qu'au terme d'un processus de maturation. [...] Les passions sont-elles purement et simplement l'éveil, ou peuvent-elles devenir l'éveil par une sorte de transmutation alchimique ? »[23] La

---

19Ainsi, Linji Yixuan (mort en 867), dans un renversement de la voie, prône-t-il de prendre les choses comme elles viennent et d'abandonner toute quête spirituelle. Faure cite l'exemple de Mingzan, de l'école Chan du Nord, surnommé « Zan le paresseux ».

20B. Faure, *La vision immédiate* de Dōgen, Le Mail, 1987, p. 56.

21Ibid.

22Ibid., p. 58.

23Ibid., p. 58.

méprise des tenants du Daruma-shū – que nous prenons ici comme exemple en écho aux pratiquants du butō – est donc de confondre le monde de l'esprit ordinaire avec celui de l'esprit éveillé[24]. « Les ignorants, écrit Dōgen, pensent reconnaître la prédiction de la Loi de l'inanimé dans le murmure des branches, l'épanouissement des fleurs ou la chute des feuilles... Si tel était le cas, qui donc ne connaîtrait ou n'entendrait la prédilection de l'inanimé ? »[25] En réalité, selon Dōgen, la nature se métamorphose, en quelque sorte, en présence de l'Éveillé, lui apparaissant alors comme le dévoilement de l'esprit du Bouddha : « Lorsque [les saints et les sages] vivent dans les montagnes, comme celles-ci leur appartiennent, les arbres et les pierres foisonnent, les oiseaux et les animaux regorgent de spiritualité. C'est parce que la vertu des sages et des saints les a *recouverts*[26]. »[27] Cette relation de simultanéité, entre la transformation intérieure et la transformation du monde extérieur, se trouve dès l'énoncé de Shakyamuni de son Éveil :

« Étrange ! Étrange ! La terre immense et tous les êtres s'éveillent en même temps que moi ! »

Nous reviendrons en détail sur ce thème de la relation (« Étrange ! ») entre la transformation du monde intérieur et la transformation du monde extérieur, mais, d'une

24Certes dans son *Shōbengenzo*, Dōgen, le fondateur de la secte Zen Sōtō, affirme « l'identité entre la nature et l'éveil, entre la nature et la pratique, ou entre l'objet et le sujet » – dans la droite lignée de l'école Chan de Huangbo Xiyun (IXe siècle) qui elle-même se fondait sur la doctrine de la non-dualité du Mahâyâna –, mais il précise que la nature dont il est question est celle que perçoit l'esprit éveillé, et non celle qui se donne à l'esprit ordinaire.

25Dogen, *La vision immédiate,* Le Mail, 1987, p. 26.

26Nous soulignons.

27*Sansuikyō*, in Terada, t.1, p. 339 – cité par Faure.

manière générale, l'on peut considérer que toute notre étude relève de cette thématique. Elle se trouve au cœur des préoccupations de Jung et de Pauli, et l'expérience de la danse Kagura Mai, dont nous proposons une analyse, en constitue un éclairage fondamental.

Il nous semble ainsi que l'assimilation du butō au bouddhisme, comme le fait Piccon-Vallin, représente une extrapolation des doctrines des sectes bouddhiques qui identifient, contre les valeurs traditionnelles du bouddhisme, l'esprit ordinaire et l'esprit éveillé, les passions à l'Éveil. Il faut plutôt affirmer que, d'une manière générale, la maîtrise corporelle dans un détachement du monde sensible est au principe de l'ascèse bouddhique. « Comment pouvons-nous déceler la vraie nature de l'esprit si nous ne savons pas le protéger d'une perpétuelle invasion par ce qui lui est extérieur et le regarder tel qu'il l'est dans la pureté de son essence ? »[28]

C. Transe et représentation dans le butō

Convaincu que son unité avec le monde repose sur l'existence d'une énergie vitale physique, *ki* (circulant dans l'ambiant), le danseur de butō pratique son art au sein de la nature, espérant se fondre en elle. Selon Ashikawa Yoko, le danseur « doit sortir de lui-même. [...] Alors, il redevient un élément de l'univers, aussi bien une bête qu'une plante ou une pierre. »[29] Ainsi voit-on Tanaka Min se recroqueviller sur le sol en Islande pour se confondre avec les pierres, et Ikeda, pour retrouver son corps animal, se mettre à « quatre pattes » et se mouvoir dans un déhanchement qu'elle fantasme être félin. De quelle

28E. Conze, *Le bouddhisme*, Payot, 1995, p. 115.
29« La nouvelle danse japonaise », *Avant Scène Ballet/Danse*, Paris.

manière le danseur butō vit-il cette unité avec la nature ? Comment vit-il son « état » animal, végétal ? Selon quels critères juge-t-il de sa part objective et de sa part subjective, pour savoir si cette unité éprouvée est authentique ou un jeu du mental ? La question se pose quand le danseur prétend redevenir une plante, une pierre, ou se faire posséder par un esprit, mais elle se pose plus sérieusement encore lorsqu'il dit faire « un avec l'univers », « un avec autrui ». Quelles sont les expériences physiques et psychiques qui lui font dire cela ?

Le plus souvent, la danse butō prend la forme de solos, mais certaines séquences dansées comportent un jeu collectif. Or, pour constituer ces mouvements communs (regroupements soudains, chutes simultanées de tous les danseurs, etc.), les danseurs « conviennent avant le spectacle d'un signal »[30] afin qu'ils puissent tous agir simultanément selon des formes gestuelles préparées en amont. Il faut donc relever qu'il y a là une construction chorégraphique pour pallier la difficulté de parvenir à une organisation spontanée qui témoignerait d'une unité fondamentale. Accord préalable et dispositif : procédé qu'il faut mettre en regard du discours général du butō sur l'unité du danseur avec le monde, à travers le ki. L'organisation chorégraphique n'est pas annoncée puisqu'elle a pour but de produire un effet de surprise sur le public dans le cadre d'une pratique qui explore la spontanéité, l'absence de codification. L'on voit que la logique, ici, est celle de l'imitation, de l'évocation, et non celle du dévoilement du Corps de Loi[31].

30Entretien avec Domitie de Lamberterie, danseuse de butō. « Je ne vois pas comment faire autrement ? » me répond Domitie.

31En outre, la spontanéité du butō s'érige sur une *imitation* de l'animal : c'est en observant les animaux que Hijikata développe sa gestuelle. Une telle « spontanéité » n'est donc pas celle d'un ressort intime. Il y a une incohérence entre le désir de retrouver un corps

II. Spontanéité hétéronome dans le Contact

A. L'Extrême-Orient chez Steve Paxton

Steve Paxton s'est inspiré pour la création de la danse Contact Improvisation, à laquelle il donne pour finalité un renouvellement du vivre-ensemble, d'une part, de la physique de Newton et, d'autre part, de certaines pratiques extrême-orientales, notamment de l'aikidō[32] de Morihei Ueshiba. Le Contact Improvisation prend naissance lors de la performance Magnesium.[33] La performance ressemble à un chaos : les danseurs se percutent, chutent, se rattrapent puis terminent debout, immobiles, en silence. L'expérience dansée consiste à jouer avec les forces physiques, ou plus exactement à les laisser être au principe de l'activité de tous les corps en présence – en mettant la volonté hors circuit. Chaque mouvement doit être la cause et l'effet d'un autre, afin que les mouvements s'enchaînent « d'eux-mêmes ». Certes, la volonté n'est pas complètement défaite, elle persiste toujours, mais elle se cantonne à choisir parmi quelques réactions possibles du corps aux stimuli de l'environnement. L'homme ici s'apparente à la *chose*. Paxton fait d'ailleurs volontiers appel aux sciences

---

authentique en deçà de la culture et l'*imitation* d'une nature animale « observée ». Par ailleurs, l'on sait, depuis notamment les études de Dominique Lestel, que la culture est présente partout dans le règne animal (voir *Les origines animales de la culture* de D. Lestel).

32On va le voir, Paxton se méprend sur l'aikidō d'Ueshiba au point d'en inverser tout à fait le sens et la pratique. Sa mécompréhension de l'aikidō est essentiellement due à la différence entre sa conception et celle d'Ueshiba de ce qu'est un acte spontané : alors que pour Ueshiba, un acte spontané est un acte qui se fait indépendamment de l'influence extérieure (spontanéité autonome), chez Paxton, l'acte spontané s'apparente à une pure réaction (spontanéité hétéronome).

33En janvier 1972.

exactes, présentant son travail comme une exploration artistique de la mécanique newtonienne. Pour expliquer les principes de sa danse, il évoque la troisième loi de Newton[34]. L'action spontanée du « Contacteur » est toujours une réaction : le danseur s'inscrit ainsi dans un enchaînement de réactions dont la loi est celle de la gravité, tout d'abord, lorsqu'il chute, se relève, puis celle de l'action-réaction lorsqu'il entre en contact avec les autres danseurs[35]. Réification : de centre fixe, indépendant et autonome, en face de l'environnement changeant, l'individu devient l'un des pôles de la situation, de sorte que l'impulsion intérieure – qui est au principe de l'autonomie – est remplacée par une « main étrangère » : « Au lieu que ce soit l'impulsion intérieure qui engendre l'action, écrit Véronique Fabbri, c'est l'action elle-même qui engendre d'autres mouvements. »[36] Paradigmes de la science classique : séparation des deux sphères intérieure et extérieure, physique et psychique, et inscription du corps dans le cours des choses selon la loi causale.

En deçà du temps de la réflexion, de la délibération, le temps des choses est celui de l'instant. L'exercice dansé plonge le danseur dans un instant éphémère qui se situe entre un passé qui n'est plus et un futur qui n'est pas encore. L'action l'oblige, en effet, à une attention constante sur ce qui est en train de se produire, sur les sensations les

34Tout corps A exerçant une force sur un corps B subit une force d'intensité égale, de même direction, mais de sens opposés, exercée par le corps B.

35Les mouvements qui s'enchaînent sont des penchés, des roulés, des chutes, des portées. Le danseur, dans ses « choix », ses postures, ses mouvements, sa dynamique, est déterminé ainsi par le milieu ambiant et agit sur lui en retour.

36Véronique Fabbri, « Langage, sens et contact dans l'improvisation dansée », *Approche philosophique du geste dansé*, Septentrion, 2006, p. 83-101.

plus fines, et le déleste ainsi du poids du passé et du futur[37]. Annonçons qu'en face de cet instant de la sensation qui se situe entre le passé et le futur (instant exclusif), nous observerons, lors de la danse Kagura Mai (danse du mandala), un autre type d'instant qui ne les exclut pas, mais les intègre (instant inclusif).

B. Agir ensemble et liberté individuelle

Cette inscription dans l'instant (exclusif), dans le flux temporel corporel, est celle d'une spontanéité devenue entièrement hétéronome où le sujet disparaît au sein des variations continues du duo ou du groupe. L'individu n'est plus isolable pendant l'expérience du Contact Improvisation : son mouvement est toujours conduit par le mouvement d'autrui, et l'implique en retour. Si certains faits peuvent être saillants – une chute qui peut sembler impromptue, une portée spectaculaire –, ils ne constituent pas à proprement parler des « événements », n'étant pas des moments dissociables de la situation qui les porte. Il s'agit, selon Paxton, de retrouver notre inscription originelle dans le monde, c'est-à-dire de retrouver l'« animal qui est en nous » ». Selon lui, cette « intelligence physique », qui nous inscrit dans l'instant, conformément au principe d'action-réaction conduisant les faits à leurs incessantes métamorphoses, constitue notre fondement oublié qu'il faut dévoiler, faire vivre à nouveau.

Dans le Contact Improvisation, la construction du soi-même résulte de l'expérience du *nous*, du nous de la chair,

---

37« Le contact des corps, écrit José Gil, produit des mouvements – que Paxton a tendance à caractériser comme mouvements réflexes – qui vont trop vite pour la pensée. » C'est pourquoi Paxton compare sa danse à une méditation.

de la peau, de la sensibilité ; l'intimité, lieu du *je*, constitue elle-même l'un des termes de la relation sensible et causale. « Il n'y a pas d'intériorité, écrit Fabbri, au sens où un corps s'autoaffecte toujours dans l'espacement qui le caractérise en même temps qu'il est affecté. [...] C'est pourquoi l'intimité se constitue dans le rapport à autrui et ne le précède pas. »[38] Cette porosité de l'intimité et son statut secondaire par rapport au monde extérieur sont ce qui permet, selon les Contacteurs, l'unité de l'individu avec son milieu par osmose. De ce point de vue, l'acte spontané, entendu comme acte provenant de soi, ne peut donc pas être détaché de la relation sensible que l'individu entretient avec les autres pratiquants. Paxton entend ainsi fonder un vivre-ensemble qui repose sur un sujet hétéronormé. Selon Philippe Guisgand, le corps dans le Contact Improvisation est un « corps démocratique »[39], tout d'abord, parce qu'il « privilégie les capacités d'écoute de l'autre et de soi », ensuite, parce qu'il met en œuvre des attitudes de coopération et non de domination, chaque geste étant le produit de l'intersubjectivité. « Pour Paxton, le Contact Improvisation naît d'un comportement démocratique où deux personnes peuvent échanger, sans que l'une prenne le pouvoir sur l'autre. » La danse ici, pour Guisgand, n'est plus seulement un modèle pour penser la société, mais une pratique fondatrice qui peut permettre « de créer, sinon une société, du moins une véritable communauté. » Une telle communauté repose sur le fait que ces contacts se fondent ultimement sur un lien infraconscient qui fait, selon les « Contacteurs », « dialoguer les inconscients entre eux ».

38V. Fabbri, « Langage, sens et contact dans l'improvisation dansée », *Approche philosophique du geste dansé*, p. 96. Septentrion, 2006.
39Guisgand, « L'improvisation : corps démocratique/corps citoyen », *Approche philosophique du geste dansé.* Septentrion, p. 169.

C. LE RENOUVEAU DU MONDE CHEZ PAXTON

Selon Paxton, l'origine du mouvement individuel se situe dans cet entre-deux infraconscient où naît la sensation. Il fonde donc sa pratique sur une forme d'inconscient intersubjectif : le danseur, pour se rendre capable de spontanéité, doit porter son attention vers cet entre-deux – ce qui exige qu'il abandonne cette fausse intimité qu'il prenait jusqu'alors pour un centre indépendant du milieu ambiant. Il lui faut se « décentrer ». C'est à partir de cette imprégnation mutuelle infraconsciente que peut se construire, selon Paxton, l'unité des danseurs, le collectif et finalement une communauté. Tous les corps communiquent inconsciemment de telle façon qu'on peut parler d'« un seul corps qui bouge », écrit Paxton. L'idée d'une communication inconsciente des corps a donné lieu à l'exercice du « tête-à-tête » qui est à la base du développement de tout son art[40]. Ce dialogue tactile, « crânien », supposé mettre en rapport les inconscients individuels, doit devenir, selon lui, une nouvelle manière d'être ensemble qui doit aboutir à un renouvellement de la société. Il entend ainsi dépasser le modèle d'une société qui isole l'individu. Voyant dans la division de l'espace, la mise en ordre d'un pouvoir hiérarchique et autoritaire, il recherche une communauté pouvant se développer entièrement à partir de ce lien corporel, sans que n'intervienne aucun pouvoir extérieur.

40L'exercice du « tête-à-tête » se fait par deux. Les danseurs se mettent front contre front, et doivent ensuite évoluer sans jamais rompre le point de contact ; « A travers le point du toucher dans le tête-à-tête, explique Paxton, chaque danseur peut sentir la « small dance » de l'autre personne. » C'est, selon lui, l'observation directe et l'expérience « du mouvement inconscient de l'esprit (unconscious movement-mind) de l'autre. »

D. SPONTANÉITÉ ET PARAMÈTRES D'ORDRE

Si Paxton recherche un vivre-ensemble fondé sur la capacité des corps à *fonctionner* ensemble, s'il recherche un ordre qui *émerge spontanément* de l'« intersubjectivité », un ordre qui ne serait pas le fait d'une commande centrale – que ce soit l'instance volontaire du moi ou une instance extérieure (chorégraphe) –, il faut remarquer que cette exploration ne va pas sans quelques consignes à respecter *impérativement* par les danseurs. Ces consignes constituent le cadre dans lequel prend naissance et se développe le *geste spontané*[41]. Toutefois, au-delà du « vivre-ensemble » ramassé du *huddle*, ou des duos de danseurs reliés par un point de contact, le problème est celui d'un ordonnancement collectif dynamique se développant spatialement. Les danses de Paxton consistent alors à expérimenter le mouvement spontané dans un cadre à chaque fois redéfini selon des « focus perceptifs » différents, visuels notamment – obligation de regarder de telles ou telles manières. Il y a donc à la fois le refus de l'instance centrale du moi (« pilote mental individuel et soliloque ») ; l'installation d'une spontanéité hétéronome fondée sur une sensibilité exacerbée ; et la mise en place d'un cadre défini. Le cadre, qui s'applique à toutes les « spontanéités », devient le principe de l'ordonnancement

41Dans le « tête-à-tête », par exemple, la règle est de garder le point de contact au niveau du crâne. Simone Forti, dans la lignée du travail de Paxton, crée une étude du vivre-ensemble sous la forme d'une performance qu'elle nomme « huddle », à partir de toute une série de consignes strictes : en se tenant debout, agrippées les unes aux autres, entre cinq et dix personnes forment une masse compacte. Ensuite, chacun à leur tour, les danseurs se détachent du groupe pour monter dessus et le descendre de l'autre côté, comme l'on gravit une « montagne humaine ». Selon Forti, cette performance explore les principes de la communauté.

– le *moi* est ainsi remplacé par le *dispositif.* D'une certaine façon, l'idéal de la liberté est maintenu, mais à condition de ne comprendre la spontanéité qu'au sens d'hétéronomie, et d'adhérer à la représentation d'une intériorité entièrement produite par le milieu sensible. En réalité, ces exercices dansés exigent, de la part du danseur, une forme d'autocontrôle qui n'est plus le rapport immédiat d'un sujet avec lui-même (qui est au principe de l'autonomie), mais un rapport médiat dans lequel l'individu se rapporte à lui-même via la consigne. – Entre lui et lui-même, la règle s'est insérée pour orienter sa spontanéité.

Il s'agit donc selon nous d'une expérience dansée qui donne un éclairage sur le principe d'assujettissement décrit par Michel Foucault, précisément sur le moment où le pouvoir se retire de sa position centrale et visible pour se muer en dispositif, et s'insinuer ainsi au sein de l'intimité au point de se confondre avec le ressort intérieur. Le dispositif rend le pouvoir insensible et donne, à celui sur lequel il s'applique, l'impression de liberté. Nous sommes là à la naissance du panoptique de Bentham. Nous reviendrons sur les rapports entre spontanéité hétéronome, dispositif et assujettissement.

E. Paradigme du corps-machine

L'expérience du corps chez Paxton est conforme au paradigme du corps-machine de Descartes : le corps-machine est capable de répondre, en vertu de la disposition de ses rouages, de façon juste aux sollicitations de son environnement sans qu'il soit nécessaire d'invoquer pour cela le gouvernement d'une instance centrale. La machine corporelle, nous dit Descartes, est telle une « fontaine à artifices » qui donne l'impression d'autonomie, l'impression seulement, car, en réalité, son mouvement est toujours le résultat d'une cause extérieure. La fontaine est une chose : elle ne possède aucune intimité. C'est cette semblance de liberté que recherche Paxton. Chez lui, le sujet (entendu comme centre autonome) n'existe pas, puisque l'intimité est créée par les influences extérieures – toujours changeantes. Autrement dit, il existe par autrui, et comme autrui lui-même existe par les autres, ce sont des corps évidés qui se rencontrent et se bousculent. Selon Guisgand, le Contact Improvisation représente une expérience fondatrice qui peut conduire à un renouvellement démocratique de la société. Mais peut-on parler de « société », « démocratique », lorsque les hommes se confondent avec les choses ? Certes, la démarche initiale de Paxton est de revenir à l'ordre du corps, de laisser émerger un lien sensitif afin de fonder un ordre social. Mais de quel ordre du corps, Paxton, nous entretient-il ? La manière dont il met en place son expérience corporelle n'occulte-t-elle pas une dimension essentielle du corps qui serait celle d'une spontanéité autonome ?

Spontanéité hétéronome.

Les danseurs du Contact Improvisation recherchent l'unité des corps à travers les lois newtoniennes de la gravité et de la réaction. Retrouver le corps animal pour fonder une société « libre », c'est-à-dire sans instance centrale.

PARTIE II

L'UNITÉ COMME CONJONCTION CHEZ JUNG ET PAULI

Le sens et la pratique de la spontanéité hétéronome, en œuvre dans le butō et la danse Contact Improvisation, se fondent sur une compréhension de l'unité des contraires comme *fusion.* Immanquablement, ce sont les éléments contraires alors qui disparaissent au profit de l'amalgame. Interprétation du symbole chinois Yin-Yang comme osmose et déterminations mutuelles, à partir de laquelle Steve Paxton conçoit sa danse comme un échange tourbillonnaire dans lequel l'individu disparaît. Pour les danseurs du butō, pour les Contacteurs, il s'agit de s'unir avec la totalité sensible : « osmose cellulaire », pour ceux-là, union des « inconscients corporels » individuels, pour ceux-ci. A l'inverse, Pauli et Jung définissent, au fil de leur collaboration[42], une forme d'unité qui n'exclut pas la dualité, la *conjonction.* – Forme d'unité qui permet de penser la relation entre la spontanéité originelle (indépendante de l'extérieur, a-causale) et l'ordre collectif.

Wolfgang Pauli, à la suite de Niels Bohr, fait référence également au concept de Yin-Yang. Selon lui, le nouveau paradigme que développe la physique quantique correspond à la vision du monde que résume ce symbole antique des oppositions polaires. Néanmoins, il ne l'interprète pas de la même façon que Paxton et ses suivants. Comme on va le voir, l'unité des contraires procède, chez le physicien, d'un plan transcendant, ce qui lui permet d'affirmer avec une force égale la dualité et la non-dualité : les contraires sont un, sans cesser de s'exclure mutuellement à un autre niveau de la réalité. Autrement dit, contrairement au paradigme newtonien

42Notons que leur collaboration intéresse de nombreux physiciens de la physique quantique, tels que Weiszäcker ou encore Heisenberg (Prix Nobel en 1932). Pauli est reconnu par ses pairs pour ses travaux en physique, mais aussi pour ses réflexions mêlant physique, philosophie et psychologie des profondeurs.

qu'incarne Paxton, Pauli pense l'unité des contraires en reconnaissant plusieurs niveaux de réalité. Comme le souligne Michel Cazenave, il est donc « nécessaire d'avoir la conscience claire et nette que ces propositions [que la réalité est duelle et non duelle] ne s'énoncent pas dans le même plan d'existence, ou comme dirait Heisenberg, ne sont pas affectées du même degré de vérité. » Cette interprétation est également celle de Carl Gustav Jung qui fait, avec Pauli, des profondeurs de la psyché ce plan de l'être, « monde antérieur », où les opposés sont transcendés, où la sphère physique et la sphère psychique ne sont pas encore distinctes. Cet arrière-plan « commun de la microphysique et de la psychologie dite des profondeurs, écrit Jung, est à la fois physique et psychique, c'est-à-dire qu'il n'est ni l'un ni l'autre, mais constitue un troisième terme, une nature neutre. [...] L'arrière-plan de notre univers empirique apparaît en fait comme un *unus mundus*, un monde « un ». »[43] C'est cet arrière-plan que dévoile, nous le verrons, cette partie du corps, ordinairement enfouie, que nous nommons le « corps originel ».

Ainsi, alors qu'il s'agit pour les danseurs de Paxton, ou du butō, de s'immerger dans le monde sensible, de se fondre dans le cours des choses sur un mode sensitif et réactif, en suivant la logique causale qui conditionne selon eux les rapports de toutes les choses entre elles ; il s'agira au contraire pour Pauli et Jung d'opérer une « conversion du regard » qui consistera essentiellement à se détourner de l'évidence sensible pour retrouver l'unité originelle – se référant en cela, notamment, à la démarche des alchimistes occidentaux et orientaux.

43Jung, *Mysterium conjunctionis, tome 2*, Albin Michel, 1982, p. 343.

I. Paradigme de la physique quantique

A. La physique moderne comme révolution

A travers les découvertes des propriétés du monde atomique, la physique se constitue au début du XXe siècle en rupture avec les représentations scientifiques alors régnantes. Il s'agit d'une *révolution* remettant en cause les fondements de la physique classique, notamment la continuité, la causalité, la logique du tiers exclu, l'observateur détaché et le carcan de l'espace et du temps.

La physique classique se fonde sur l'idée de continuité, en accord avec l'évidence des sens : on ne peut pas passer d'un point à l'autre de l'espace et du temps sans passer par tous les points intermédiaires. Toutefois, la découverte de Max Planck du *quantum* introduit une idée tout à fait nouvelle, celle de la discontinuité : la trame du monde comporte des « trous », des entre-deux où il n'y a rien. Par ailleurs, au concept de continuité est lié celui de causalité qui constituait jusqu'alors en science physique le principe d'explication des phénomènes[44]. La physique quantique va, en effet, se développer en reconnaissant des évènements a-causaux, et par conséquent l'impossibilité de prédire le comportement des particules élémentaires – ce qui met fin au modèle déterministe.

44« Tout phénomène physique pouvait être compris par un enchaînement continu de causes et d'effets [...] deux points séparés par une distance, fut-elle infinie, dans l'espace et dans le temps, sont néanmoins reliés par un enchaînement continu de causes et d'effets : on n'a point besoin d'une quelconque action directe à distance. » Basarab Nicolescu, *La Transdisciplinarité*, Du Rocher, p. VII.

B. La physique moderne et l'inconscient jungien

On peut prendre la mesure de ce changement de paradigme à travers l'angoisse existentielle qu'elle provoqua chez Pauli[45]. La thérapie analytique qu'il entreprendra en 1931, tout d'abord sous la direction d'Erna Rosenbaum, puis sous celle de Carl Gustav Jung, pour des raisons de difficultés psychologiques se rapportant à des problèmes personnels, lui donnera également des éléments pour répondre à ses angoisses liées à sa profession. Plus encore, son introspection analytique lui permettra d'établir une théorie épistémologique et philosophique incluant l'inconscient jungien – l'inconscient lui apparaissant comme étant la dimension qui manque encore à la physique pour rendre compte des phénomènes observés et pour comprendre les processus de découverte scientifique[46]. « Une grave crise personnelle s'était déclenchée en moi suite à des problèmes profondément personnels et m'avait fait découvrir la psychologie analytique. [...] L'inconscient m'a fait à cette époque l'impression d'une nouvelle dimension. »[47]

45« En ce moment, la physique est de nouveau terriblement confuse. En tout cas, c'est trop difficile pour moi et je voudrais être acteur de cinéma, ou quelque chose du genre, et n'avoir jamais entendu parler de physique » confiait Wolfgang Pauli à un ami en 1924.
46Pauli, alors âgé de trente ans vient à l'analyse avec un ensemble d'environ mille trois cents rêves soigneusement notés qui couvrent une période de huit années. Ce qui révèle l'importance qu'occupe déjà pour lui le monde onirique en parallèle avec son travail d'enseignant-chercheur. Il est alors professeur de physique théorique à l'université de Zürich. Les deux hommes se voient pendant deux ans, chaque lundi matin, jusqu'au moment où Pauli s'expatrie pour rejoindre l'Institut de Recherche Avancée de Princeton, aux États-Unis. Leur dialogue ne s'arrête pourtant pas, il continue pendant 25 ans sous la forme de rencontres ponctuelles et d'échanges épistolaires nourris.
47W. Pauli, *Correspondances Jung/Pauli*, Albin Michel, p. 183.

L'expérience de l'inconscient que fait Pauli se déroule en deux étapes. Tout d'abord, d'une étape proprement personnelle et psychologique, et ensuite, lorsque celle-ci est achevée, d'une seconde impersonnelle à « caractère physique » : « Peu après que je me suis marié en 1934 et que j'ai eu fini ma thérapie analytique, cette symbolique physique des rêves a commencé. »[48] Nous allons voir ce que recouvre cette expression, « symbolique physique », mais notons dès à présent que l'accès à la couche de l'inconscient collectif, qui contient ces éléments à caractère physique, nécessite d'avoir dépassé une première couche qui se constitue des difficultés d'ordre personnel. Cette progression vers les profondeurs est le mouvement naturel, selon Jung, de la libido qui une fois délivrée des entrelacs personnels suit alors sa pente et plonge au plus profond de l'« inconscient où elle anime ce qui y dormait depuis les temps les plus anciens ». « Elle a ainsi découvert le trésor enfoui, dans lequel l'humanité a puisé depuis toujours, d'où elle a tiré ses dieux et ses démons et toutes ces pensées qui sont d'une force et d'une puissance supérieure, et sans lesquelles l'homme cesse d'être un homme. »[49] Ces difficultés personnelles étant résolues, Pauli voit surgir des motifs qui se rapportent directement aux problématiques de la science physique, aux lois élémentaires de la matière. « Je fis alors entre autres le rêve suivant qui m'a occupé pendant des années : [...] le rêve me montrait la mécanique quantique, et par là même la physique officielle, comme un morceau unidimensionnel d'un monde bidimensionnel plus sensé dont la deuxième dimension était sans doute l'inconscient et les archétypes. »[50]

48Ibid.
49C. G. Jung, *Psychologie de l'inconscient*, Livre de Poche, p. 121.
50Ibid., p.183

C. La nature de la lumière et la complémentarité

La relation de Pauli avec la théorie et la pratique de l'inconscient de Jung doit se comprendre à l'aune de ses interrogations scientifiques concernant particulièrement le concept de *complémentarité,* créé par Niels Bohr en 1927. Ce concept s'inscrit au sein d'une controverse en physique longue de plusieurs siècles sur la nature de la lumière.

Cette controverse avait pris naissance à la fin du XVIIe siècle, avec la confrontation entre Isaac Newton et Christian Huyghens, le premier soutenant, dans *Optique* (1703), que la lumière est constituée de particules, tandis que le second affirmait au contraire, dans son *Traité de la lumière*, qu'elle est une sorte d'onde. Le débat se poursuivit jusqu'au moment où Einstein, en 1905, démontre qu'elle est composée de particules, les photons, tout en ayant l'intuition que cela n'invalide pas sa nature d'onde : « Je suis convaincu que la prochaine phase dans le développement de la physique nous amènera à une théorie de la lumière susceptible d'être interprétée comme une sorte de fusion des théories ondulatoire et corpusculaire. » Le débat gagna un nouveau stade en 1923 avec le concept de Louis de Broglie de dualité onde-corpuscule, et avec l'idée de Niels Bohr selon laquelle les deux faces de cette dualité sont « complémentaires ». « Pauli fut l'un des premiers physiciens à se prononcer sans réserve en faveur de cette nouvelle interprétation. »[51] Le concept de complémentarité constitue un moment fondateur et donc un moment de rupture en épistémologie : il marque les débuts de la physique quantique qui est tout autant la découverte de nouvelles lois physiques qu'une nouvelle façon de lire le monde. Notamment parce qu'il modifie

51W. Heisenberg, « Les conceptions philosophiques de Wolfgang Pauli », *Le cas Kepler,* Albin Michel, p. 25.

tout à fait le rôle de l'observateur en l'impliquant dans les déterminations de l'expérience et donc de ses résultats. En effet, les expériences sur la propagation du photon montrent que le comportement de celui-ci relève à la fois de l'onde et de la particule[52], selon les modalités de l'expérience mises en place. De plus, cette complémentarité « onde-corpuscule », tout d'abord découverte à travers l'étude du photon, se vérifie ensuite pour l'ensemble des particules constitutives de la matière[53]. « La situation prit une tournure inattendue, écrit Pauli, lorsque ce dualisme des représentations corpusculaires et ondulatoires se révéla être universel. » Il devient dès lors nécessaire de tenir compte, pour la description du phénomène observé, du point de vue de l'observateur, c'est-à-dire des modalités de l'observation : celui-ci opère un choix dans la manière avec laquelle il appréhende la réalité qui se présente à lui sous un aspect ou un autre. L'on passe ainsi de l'idée de *contradiction* à celle de *complémentarité* qui fait de ces oppositions apparentes deux aspects d'une chose unique, qui en elle-même échappe à l'observateur, par le fait qu'il contribue lui-même à la constitution des aspects qu'il « découvre ». Ainsi l'objet dans la science physique moderne n'est-il plus celui de la science physique déterministe dite classique : il ne se situe plus *en face* d'un observateur détaché qui

52Ondes et particules manifestent ainsi des comportements radicalement différents, que l'on croyait jusqu'alors inconciliables. Or, comme l'expérience des fentes de Young le montre, les photons ou encore les électrons (que l'on pensait jusqu'alors semblables à de petites billes) montrent un comportement ondulatoire ou corpusculaire selon le dispositif de l'expérience.

53« On ne comprend plus rien, écrit Klein. [...] Que les électrons, les photons et les autres objets quantiques se comportent à la fois comme des ondes et des particules heurte le sens commun. Qu'est-on, si l'on est à la fois une chose et son « contraire » ? » - E. Klein, *Dialogue avec le sphinx*, Albin Michel, p. 141.

pourrait témoigner de son comportement sans interférer avec lui. L'activité de l'observateur est une effraction dans un cours des choses non percevables en soi, effraction[54] qui s'apparente à une création, selon Pauli.

D. La césure entre le sujet et l'objet

« Ils préféreraient que l'on retourne à l'idée d'un monde objectif réel dont les plus minuscules parcelles existent objectivement, au même sens qu'existent les pierres ou les arbres, que nous les observions ou pas. »[55]

La réflexion de Pauli se cristallise autour du rôle de l'observateur qui perd sa place d'« observateur détaché » pour devenir l'un des déterminants de l'expérience. De sorte que la théorie physique comporte nécessairement « un aspect subjectif dans la mesure où l'état des objets microphysiques ne peut plus être défini s'il dépend de la façon dont sont mesurés les objets »[56], c'est-à-dire de l'agencement de l'expérience décidé par l'expérimentateur. Une telle conception redéfinit complètement le paradigme scientifique. « L'interprétation de Copenhague de la mécanique quantique, précise Heisenberg, a entraîné les physiciens fort loin des simples vues matérialistes du XIXe siècle sur les sciences de la Nature. Ces vues matérialistes

---

54Dont les effets ne peuvent être, en principe, corrigés. « La physique quantique, écrit Pauli, « est forcée ce faisant de se heurter à la psychologie de l'inconscient puisque l'inconscient et la psyché de l'observateur sont justement ce qui leur manque. [...] Je ne sais pas si cette coniunctio va se réaliser ni quand, mais je suis certain que ce serait la plus belle chose qui puisse arriver à la physique comme à la psychologie. » W. Pauli, *Correspondances Jung/Pauli*, Albin Michel.
55W. Heisenberg, *Physique et philosophie*, Albin Michel p. 165.
56W. Pauli, *Correspondances Jung/Pauli*, Albin Michel, 2000, p. 182.

[...] avaient imprégné très profondément l'esprit de tous, même de l'homme de la rue.[57] »

La nouvelle place de l'observateur exige, selon Pauli, d'adopter une position philosophique[58] qui se situe entre deux conceptions métaphysiques contraires, celle qui pose le monde matériel comme étant objectif et se donnant tel quel à l'observateur, et l'autre, position extrême-orientale (pensée hindouiste, bouddhique), faisant de l'objet une pure illusion, sans réalité par lui-même, projetée par le sujet. « L'un, écrit Pauli, consiste à poser l'objet matériel ou plus généralement physique comme indépendant dans sa constitution de la manière dont il est observé. [...] L'extrapolation complémentaire est celle de la métaphysique de l'hindouisme, qui pose un sujet absolu de la connaissance en face duquel il n'y a plus d'objet. »[59] Ni l'une ni l'autre de ces positions ne lui semblent possible à tenir. La position intermédiaire de la science moderne est celle qu'exige l'idée même de complémentarité de Bohr. La révolution scientifique va dans « le sens d'une description de la nature future dont nous ne connaissons qu'un stade préliminaire – englobant à la fois les mondes physique et psychique. » : « La tendance [de la science], écrit Pauli, est à une fusion étroite entre la psychologie et

---

57Ces questionnements conduisent Pauli à entrer en confrontation intellectuelle avec Albert Einstein. Bohr et Pauli s'accordent pour penser que la position d'Einstein relève d'une difficulté psychologique à quitter le modèle de l'observateur indépendant sur lequel s'est développée la science physique classique.

58« Depuis Descartes et Kant, résume Michel Cassé, on avait coutume, en effet, de considérer que le « monde intérieur » de l'observateur est absolument disjoint et indépendant de la réalité physique.[...] Mais en ce siècle, l'avancée des idées quantiques est venue jeter un voile d'ombre sur le rapport du sujet et de l'objet, et en masquer la césure. » Michel Cassé, introduction à *La science et l'Âme du monde,* Albin Michel, 1996, p. X.

59W. Pauli, *Physique moderne et philosophie*, Albin Michel, p. 41.

l'expérience scientifique des processus au sein du monde matériel. Il s'agit là sans doute d'une évolution assez longue dont nous ne connaîtrons que les débuts et qui sera en particulier liée au développement de la critique visant à relativiser les concepts de temps et d'espace. »[60] Ainsi Pauli et Jung entreprennent-ils de penser conjointement le « problème psychophysique » à l'aune des découvertes de la science physique et de la psychologie modernes. « La tâche des deux sciences, écrit Jung, semble être de découvrir et de décrire la région commune des deux. »[61] L'intuition qui gouverne leurs recherches est qu'en deçà de l'hétérogénéité des phénomènes, et tout particulièrement derrière la distinction des sphères physique et psychique, de la distinction entre l'intériorité et l'extériorité, il existe une unité première qui les fonde. A la suite de Bohr, Pauli propose donc de généraliser le concept de complémentarité : « Le plus satisfaisant serait, écrit Pauli, que *physis* et *psyché* puissent être conçues comme des aspects complémentaires d'une même réalité. Pourtant, nous ignorons encore si, comme le croient Bohr et d'autres chercheurs, il s'agit d'une véritable relation de complémentarité réciproquement exclusive. »[62]

E. Causalité et a-causalité

Le comportement des particules élémentaires ne pouvant s'expliquer par la loi de la causalité, Pauli et Jung considèrent qu'il est nécessaire de reconnaître, en face de la causalité, l'a-causalité comme principe de création et d'ordonnancement du monde phénoménal à tous ses

60W. Pauli, *Correspondances Jung/Pauli*, Albin Michel, 2000, p. 60.
61C.G. Jung, Ibid., p. 190.
62W. Pauli, *Le cas Kepler*, Albin Michel, p. 109.

niveaux. Parmi les événements en physique qui se donnent sans cause, on note tout d'abord la désintégration des radioéléments[63]. La question de savoir dans quelle mesure il est effectivement possible de dépasser l'idée d'un ordre causal, voire de poser un ordre a-causal au rang de principe explicatif des phénomènes atomiques, mais aussi des phénomènes à l'échelle humaine, est débattue longuement par les deux scientifiques. « Il y avait déjà, écrit Pauli à Jung, auparavant un accord de principe entre nous sur le fait qu'il était possible, utile et nécessaire de définir un nouveau principe d'explication de la nature se démarquant du principe de causalité […]. Nos points de vue se sont encore rapprochés. »[64] S'ils tombent d'accord sur la nécessité d'un dépassement du paradigme, qui fait de la causalité la loi absolue du monde phénoménal, leur interrogation débute par une critique de la notion de « causalité ».

Pour Pauli, la causalité doit s'entendre au sein de la succession temporelle, ce qui exclut l'idée d'une cause « ontologique ». « Face aux suggestions visant à diviser la notion même de causalité en causalité « physique » et causalité « ontologique », déclare Pauli lors d'une allocution destinée aux physiciens, je prendrais une position critique [...]. C'est pourquoi l'emploi du mot

---

63En effet, si l'on connaît la structure d'un atome d'uranium, par exemple, et les mécanismes de la désintégration, si l'on sait le laps de temps qu'il faut pour que la moitié de la pastille se désintègre, il a fallu reconnaître qu'il est impossible de dire pourquoi un atome en particulier se désintègre à ce moment-là, et pas à un autre. Sa désintégration ne semble être assignable à aucune cause, c'est-à-dire à aucun événement qui se produirait antérieurement à la désintégration elle-même. C'est ce qui fait dire à Sir James Jeans que « la désintégration radioactive est apparue comme un effet sans cause, donnant à penser que la causalité n'est même pas la loi ultime de la nature ».

64W. Pauli, *Correspondances Jung/Pauli*, Albin Michel, 2000, p. 89.

« ontologique » me paraît abusif lorsqu'on l'accole au mot « cause », en quelque sorte pour étayer cette notion branlante. »[65]

Dans son article intitulé « Incursion dans le monde a-causal », Hubert Reeves reprend le point de vue défendu par Jung et Pauli, en mentionnant quatre cas qui témoignent d'un ordonnancement a-causal de l'univers à toutes ses échelles : la désintégration radioactive que nous avons déjà évoquée, le paradoxe d'Einstein-Podolsky-Rosen, dit paradoxe E.P.R. dans le domaine de la microphysique, la lueur fossile et le pendule de Foucault à l'échelle astronomique et humaine. Le paradoxe E.P.R. permet d'établir avec fermeté les assises de l'a-causalité. Cette expérience fut pensée par Einstein. Elle devait montrer que, si la théorie de la physique quantique était exacte, alors « deux particules provenant de la même source ne devaient acquérir leurs propriétés qu'à l'instant de leur détection, et que ces propriétés devaient être néanmoins corrélées entre elles bien qu'il n'y eut pas de possibilité causale pour expliquer cette relation »[66]. Einstein, personnellement, refusait cette idée en y voyant de la « télépathie » (la transmission d'un signal instantané). Or, cette expérience put être vérifiée : la théorie quantique avait vu juste. Selon Reeves, une telle relation atemporelle, autrement dit a-causale, nous apparaît paradoxale, c'est peut-être que nous voyons une distance et une séparation où il n'en existe pas. La parfaite

65W. Pauli, *Physique moderne et Philosophie*, Albin Michel, p. 154.

66« On ne peut échapper à la conclusion (que la théorie quantique est incomplète), écrivait Einstein, qu'en supposant que la mesure pratique en S1 modifie […] la situation réelle en S2 ou en niant l'indépendance des situations réelles relatives à des objets qui sont séparés spatialement les uns des autres. Les deux branches de l'alternative me semblent entièrement inacceptables. » Cité par H. Reeves, *La synchronicité, l'âme et la science,* Albin Michel, 1990.

simultanéité d'action des deux particules donne à penser qu'il faut les considérer comme formant un système unique, « le paradoxe s'évanouit dans la notion d'indivisibilité, ou de non-séparabilité du système. Ce système demeurant toujours présent à lui-même. »[67] Ensuite, Reeves prend l'exemple du pendule de Foucault, dont la course semble ne pas dépendre de son environnement immédiat, c'est-à-dire de la masse terrestre, mais être gouvernée par celle de galaxies lointaines. « Le physicien Mach a proposé d'y voir une sorte d'action du « global » sur le « local » du pendule. » Reeves y voit une espèce d'omniprésence et de « non-séparabilité » du tout. Enfin, les développements de Reeves sur la lueur fossile renforcent encore un peu plus l'idée que les comportements particuliers ne doivent pas être appréhendés uniquement par la causalité, mais également à partir de l'idée que la totalité de l'univers forme une unité en deçà du cadre spatio-temporel.

Ainsi est-il permis d'affirmer que la causalité n'est pas la seule loi selon laquelle les phénomènes s'articulent. L'univers forme un tout indissociable. C'est cette totalité, reposant sur une relativité de l'espace et du temps, qui va conduire Pauli et Jung à développer conjointement le concept de synchronicité.

67H. Reeves, *La synchronicité, l'âme et la science*, Albin Michel.

II. L'ARCHÉTYPE ET LES IDÉES PLATONICIENNES

A. SYNCHRONICITÉ ET A-CAUSALITÉ

Le terme de synchronicité fait partie des termes forgés par le fondateur de la psychologie des profondeurs qui sont passés dans le langage courant. Si l'idée de synchronicité[68] a connu un engouement certain, elle est aussi l'un des aspects les plus controversés de l'œuvre de Jung. Ses détracteurs y voient le signe le plus saillant de son « irrationalité ». Dans *Synchronicité et Paracelsica*[69], le texte principal qui aborde la question de la synchronicité, de manière fondamentale, constitue le chapitre intitulé « Le problème ». Or, les échanges épistolaires entre Jung et Pauli montrent clairement que ce chapitre est le fruit d'une collaboration entre les deux hommes, dans un dialogue avec la communauté des physiciens[70].

68Le thème de la synchronicité est traité principalement dans *Synchronicité et Paracelsica*, publié chez Albin Michel, sous la direction de Michel Cazenave qui a regroupé plusieurs textes de Jung sur ce sujet. L'ouvrage publié chez Albin Michel se compose de trois parties. La première est consacrée à la synchronicité, la seconde à Paracelse, médecin-alchimiste du XVIe siècle, la troisième partie regroupe un ensemble de textes dont notamment la conférence sur la synchronicité donnée lors de la fondation d'Eranos, en 1950.

69Jung se réclame de Philippus Aureolus Theophrastus Bombastus von Hohenhei (1493-1541), dit Paracelse, qui avait pris pour devise « qu'il n'appartienne pas à un autre, celui qui peut s'appartenir à lui-même ».

70Un autre texte retiendra également notre attention, « La synchronicité avant la synchronicité », dans lequel Jung compare ses propres conceptions sur la synchronicité avec d'autres concepts de la pensée extrême-orientale et de la pensée grecque antique. Il y évoque notamment la pensée chinoise de Lao Tseu, et, pour l'occident, Platon et Plotin. Dans ce chapitre, l'influence de Pauli est évidente.

A.1 L'expérience du scarabée d'or

L'on sait que c'est à l'occasion d'une séance d'analyse avec l'une de ses patientes que Jung s'interroge sur les « coïncidences signifiantes », qu'il nommera « synchronicité », qui remettent en cause la séparation de la sphère intérieure et de la sphère extérieure. Cette expérience qui le marque profondément est celle du « scarabée d'or. »

En 1929, alors que l'une de ses patientes lui relatait un rêve étrange dans lequel on lui rapportait un scarabée d'or, Jung entend un insecte heurter la fenêtre de son cabinet. Il s'en saisit et le montre à sa patiente : une cétoine dorée. Jung souligne que l'événement amorça le processus de guérison. L'attitude de la patiente était en effet caractérisée par sa forte rationalité qui lui rendait difficile tout autre type de rapport au monde. Cette expérience de coïncidence qui ne peut s'expliquer d'une manière causale, ou rationnelle, la mettait de fait en face d'une autre dimension de la réalité qu'elle avait refusée jusqu'alors – ce qui lui permit de recouvrer son équilibre psychique. Si l'expérience est au plus haut point subjective, et n'a de valeur que par l'impact et le changement psychologique qu'elle induit chez la patiente de Jung, elle engage néanmoins, chez ce dernier, une réflexion qui le conduira à prendre en considération les données de la physique moderne. « L'on conçoit de façon générale, écrit Jung, que toutes les coïncidences sont le fait du hasard et ne réclament donc aucune explication de nature causale ». L'idée de synchronicité est perçue le plus souvent comme une conception irrationnelle du monde, parce qu'elle vient contredire la loi de causalité perçue ordinairement comme la loi unique et absolue du monde phénoménal. Néanmoins, Jung en élabore le concept au fil d'un travail commun avec la communauté des chercheurs en science physique, et tout particulièrement avec Pauli[71]. Les deux hommes se rencontreront ainsi autour d'une préoccupation commune. La période de formation du concept lui-même s'étale de novembre 1948 au mois de février 1952, période qui correspond à l'élaboration du chapitre « Le problème ». Cette partie sera considérée comme définitivement achevée lorsque Pauli écrira à Jung, dans une lettre datée du 2 février 1952, que « la nouvelle version [...] rend bien compte de l'état actuel du problème. C'est à présent inattaquable du point de vue de la physique moderne. »

A.2 Mécanisme onirique de la synchronicité.

Leurs échanges épistolaires au sujet de la synchronicité commencent par une lettre, datée du 7 novembre 1948, que Pauli adresse à Jung – qui semble faire suite à leur dernière entrevue. Dans cette lettre, le physicien relate un rêve qu'il avait fait deux ans auparavant.

Le rêve contient comme motif principal un dispositif onirique que Pauli représente dans sa lettre sous la forme d'un schéma qui montre deux plans parallèles prenant la forme dans le rêve de deux feuilles de papier placées l'une au-dessus de l'autre et mises en relation par un point central situé dans l'espace intermédiaire. Dans le rêve de

---

71En juin 1949, Jung écrit à Pauli cette phrase, révélatrice à la fois de son isolement avec la communauté des psychologues, mais de son entente avec les physiciens : « les physiciens sont aujourd'hui les seuls à s'intéresser sérieusement à ce genre d'idée. » L'intérêt des physiciens pour l'idée de synchronicité se vérifie avec Pauli tout d'abord. C'est lui qui demanda à Jung d'écrire un ouvrage sur la synchronicité. Dans une lettre datée du 25 février 1953, Jung écrit que « l'idée d'une possible relativité du temps et de l'espace qui serait déterminée par le psychisme », lui est primitivement venue en 1915 à l'occasion de dîners avec Albert Einstein.

Pauli, pour échanger leur place, les deux feuilles viennent s'enrouler autour de ce point central : la feuille du dessous passant par-dessus et inversement. Selon le commentaire que fait Pauli lui-même de son rêve, l'une des feuilles représente un événement psychique (par exemple un rêve), tandis que l'autre feuille représente un événement extérieur, c'est-à-dire physique. Le centre et son processus de rotation permettent ainsi de mettre en rapport les événements de la sphère physique (les faits) et les événements de la sphère psychique (les idées).

Nous avons ainsi dans ce rêve les éléments essentiels qui rentreront sous le concept de synchronicité : l'idée tout d'abord que le domaine physique et le domaine psychique constituent deux plans parallèles qui néanmoins sont en relation à travers *un centre qui agit par rotation, qui engage un mouvement circulaire*. Jung répond à cette lettre, quelques mois plus tard, le 22 juin 1949, en lui envoyant une première version de son manuscrit. « Il y a quelque temps, écrit Jung, vous m'avez invité à exposer dans un article mes idées sur la synchronicité. Je suis enfin parvenu à répondre à ce vœu et à rassembler quelque peu mes idées »[72]. Le manuscrit fera trois allers-retours entre Jung et Pauli avant de trouver sa forme finale[73]. « Que deviennent, répond Pauli, les faits réunis par la physique quantique moderne face aux phénomènes que vous interprétez à l'aide du principe nouveau de synchronicité ? [...] Cette question revêt naturellement pour moi en tant

72C.G. Jung, *Correspondances Jung/Pauli*, Albin Michel, p. 65.

73Le 8 novembre 1950, Jung renvoie une seconde fois à Pauli son manuscrit sur la synchronicité. Celui-ci lui répond le 24 novembre dans une longue lettre. Notons qu'en introduction de celle-ci, Pauli confirme à Jung l'intérêt que suscite dans le milieu scientifique – en science physique – son concept de synchronicité, comme il a pu le constater à l'occasion de discussions à l'Institut des Études Avancées de Princeton. Ensuite, Pauli lui fait à nouveau part de ses réflexions sur la synchronicité par rapport aux découvertes en physique moderne.

que physicien une importance particulière, j'ai beaucoup discuté sur ce point depuis un an. »[74]

A.3 Les différentes formes de la synchronicité

« Il est tout d'abord certain, écrit Pauli, que les deux types de phénomènes dépassent le cadre du déterminisme « classique ». Plusieurs formes de synchronicité sont évoquées : coïncidence d'événements psychiques (« synchronicité psychique »), d'un événement psychique et d'un événement physique (« synchronicité semi-psychique ») ou de deux événements physiques. Les deux hommes se demandent également si le terme de « synchronicité » doit designer uniquement la coïncidence d'événements se produisant au même instant ou s'il peut qualifier aussi la relation « immédiate » de faits se déroulant en des instants ou des moments différents, voire des époques éloignées. Le concept de synchronicité est ainsi généralisé pour s'appliquer au monde phénoménal dans son ensemble en désignant un rapport (acausal) de correspondance. « La vieille théorie de la *créatio continua* et de la *correspondentia* s'appliquait bien à toute la nature, sans se limiter au domaine purement psychique. »[75]

Cet élargissement implique que le facteur ordonnant, facteur acausal donc, ne soit pas soumis au carcan spatio-temporel[76]. Si une cause qualifie nécessairement un fait

---

74W.Pauli, *Correspondances Jung/Pauli*, Albin Michel, p. 91.
75Ibid., p. 110.
76Lors d'un échange épistolaire datant du 28 juin 1949, Pauli écrit à Jung que faire dépendre des phénomènes synchronistiques d'un ordonnateur invisible revient à poser une cause à la synchronicité. Toutefois, « cette cause, écrit le physicien, ne devrait pas être comprise comme située dans le temps et l'espace. Si, à l'inverse, on ne peut appeler cause que des objets fixés dans le temps et l'espace, les phénomènes synchronistiques seraient effectivement a-causaux. » *Correspondances*, Albin Michel, 2000, p. 68.

inscrit dans le temps et l'espace, alors les phénomènes synchronistiques sont effectivement a-causaux. Il apparaît alors nécessaire de poser un ordonnateur « invisible » (non phénoménal), pour rendre compte de l'apparition du phénomène a-causal et de son inscription dans un ordre, cela tant pour le physicien que pour le psychologue. C'est à l'archétype que revient ce rôle, considéré donc à la fois comme ce qui détermine l'apparition du phénomène sans être pour autant qualifié de *cause*. « La synchronicité est le cas particulier de l'a-causalité dans lequel on peut identifier l'archétype comme fondement (transcendantal). » De plus, l'archétype est également qualifié par les deux hommes de « psychoïde », en ce sens qu'il possède le caractère à la fois physique et psychique – ce qui est nécessaire pour rendre compte non seulement des synchronicités psychiques, mais aussi semi-psychiques et physiques dont notamment les événements a-causaux observés en physique atomique. Dans cette perspective, l'archétype ne relève pas seulement du sens. « Considérant qu'il est possible, précise Jung, que la synchronicité ne soit seulement un phénomène psychophysique, mais puisse également se produire sans participation de la psyché humaine [...], il conviendrait de ne plus parler de sens, mais plutôt de *similitude*[77] ou de concordance. »[78]

B. ARCHÉTYPES ET SCIENCE MODERNE

Les archétypes, de nature psychoïde – fondant à la fois la sphère physique et la sphère psychique –, sont également nécessaires, selon Pauli, pour expliquer le

77Souligné par l'auteur.

78C.G. Jung, *Synchronicité et Paracelsica*, Albin Michel, 1988, p. 117, note 124.

processus de découverte en science. Il élabore ainsi une théorie de la connaissance, identifiant les archétypes aux Idées platoniciennes. « J'aimerais proposer, écrit Wolfgang Pauli, me référant à la philosophie de Platon, d'interpréter le processus de notre compréhension de la nature [...] comme procédant d'une *correspondance* : comme la coïncidence qui s'établit entre des images intérieures, préexistantes dans le psychisme humain, et les objets extérieurs ainsi que leur comportement. »[79] C'est également ce que Jung affirme de son côté : « le mot « archétype » est une reformulation explicite de l'*eidos* platonicien. »[80]

Selon Pauli, l'idée n'est pas construite, mais est reçue au titre d'événement, de réalité objective (non subjective). « Le phénomène, dit Pauli, « ce qui apparaît », peut être simple, élémentaire, ou fort complexe au contraire. Parmi les phénomènes les plus immédiatement donnés, il y a les contenus de la conscience. » Il définit ainsi les pensées et les images oniriques comme étant des objets, tenant pour fondamental leur spontanéité. « On dit en effet, souligne Pauli, qu'« il nous vient une idée » : quelque chose nous vient à l'esprit. C'est pourquoi je voudrais proposer d'appeler phénomènes aussi les pensées et les idées qui se présentent à nous, au même titre que les sons, les couleurs et les sensations tactiles. »[81] Le processus de découverte en science[82] dépend ainsi de la concordance des événements

79W. Pauli, *Physique moderne et Philosophie*, Albin Michel, p. 148.
80C.G. Jung, *Aïon*, Albin Michel, 1983, p. 5.
81W. Pauli, *Physique moderne et Philosophie*, Albin Michel, p. 150.
82Point de vue platonicien donc que Bernard d'Espagnat considère être partagé par la plupart des physiciens modernes – « le réalisme philosophique d'un physicien, écrit-il, peut difficilement ne pas être un peu platonicien, quoi qu'il en ait. Ainsi Bohm lui-même, jadis porte-drapeau des physiciens " matérialistes ", en est-il venu maintenant à

physiques et psychiques, mais aussi de l'évolution psychologique, ou spirituelle, de l'individu – interaction de la *psychê* et de la *physis*, deux aspects complémentaires d'un monisme psychophysique plus essentiel. C'est ici que le point de vue de la science moderne, selon lui, rejoint celui de l'alchimie qui considérait le processus en œuvre dans la sphère physique comme *un reflet* du travail qui s'opère dans la sphère psychique – et vice versa : « La philosophie alchimiste [...] postule une c*ertaine symétrie dans la matière et l'esprit*. [...] L'alchimie constitue un monisme psychophysique. [...] Ici, se pose à la science de notre temps cette question capitale : « parviendrons-nous à réaliser, sur un plan supérieur, le vieux rêve de l'alchimie, en créant les bases conceptuelles d'une saisie scientifique unitaire de la sphère physique et de la sphère psychique ? »[83]

B 1. Le rêve de la danseuse chinoise de Pauli

Le rêve du 28 septembre 1952, qui met en scène une danseuse chinoise, fait partie de l'ensemble des rêves que Pauli relate à Jung. Comme on l'a vu, ces rêves servent de base pour une discussion qui ne concerne pas uniquement l'évolution psychologique de leur auteur, mais principalement le problème psychophysique qui les préoccupe tous les deux. Dans ce rêve, nous retrouvons articulées, l'idée d'un dépassement de la causalité, celle d'un dépassement des opposés – tant sur un plan physique que psychique –, et l'idée maîtresse qu'il faut réunir les savoirs *salvateurs* (connaissance de soi) et *scientifiques* (connaissance des « objets ») en une nouvelle science

---

dire que les objets perçus sont seulement des " projections " de ce qui est. Platon, lui parlait d'ombre ».

83W. Pauli, *Physique moderne et Philosophie*, Albin Michel, p. 176.

unique. Ces éléments, qui se développent en rapport avec la figure de la danseuse chinoise, nous conduiront directement au thème de la danse du mandala chez Jung, que nous étudierons en détail.

La danseuse et le lieu

Le rêve du 28 septembre 1952 de Pauli prend la forme d'une scène se déroulant dans une université, dans une salle de cours, et impliquant quatre types de personnages : le *physicien* qui, sous les traits de Pauli lui-même, incarne le *logos ; la danseuse chinoise ; les inconnus,* groupe d'individus qui personnifient les éléments de l'inconscient qui ne sont pas encore connus ; les *gens* qui personnifient les opinions conventionnelles et collectives contre lesquelles le rêveur doit lutter pour construire la « nouvelle maison », c'est-à-dire la nouvelle science. A ces personnages, il faut ajouter le *lieu* qui est tout aussi significatif. Il se présente comme une salle de cours, mais possède une architecture particulière puisqu'il se transforme au fur et à mesure de la danse qu'effectue la Chinoise : il est tout d'abord constitué de deux étages qui se réunissent pour ne former qu'un seul niveau à la fin du rêve. Le rêve se caractérise ainsi par une dynamique qui se montre tout d'abord à travers le mouvement de la danseuse puis par la transformation du lieu qui en résulte : « l'espace qui sépare les deux étages semble se rétrécir de façon " magique ". » D'une manière évidente ici, l'opposition entre le haut et le bas disparaît. Cette réunion des opposés est caractéristique de la « nouvelle maison » (nouvelle science) : « la nouvelle maison est toujours le lieu où se produit une réunion des couples opposés, une *coniuction.* » Le lieu tient ainsi tout à la fois de l'université et de l'Église, c'est-à-dire comme la conjonction de lieux que nous considérons ordinairement comme des opposés. « Mes rêves, écrit Pauli, ne font aucune différence de principe entre le « laboratoire » et l'Église, la nouvelle maison peut donc être à la fois l'un comme l'autre. »[84] On retrouve donc l'idée, de Pauli, que la science à venir devra réunir le savoir salvateur et le savoir scientifique, par delà l'opposition entre subjectivité et objectivité.

Dans le rêve, Pauli monte sur scène lorsque la Chinoise termine sa danse. Soulignons qu'elle est le personnage principal de l'ensemble de ses rêves. Le caractère chinois qui symbolise l'Orient doit se comprendre en opposition à l'Occident que représente Pauli lui-même. Le couple d'opposés Orient/Occident symbolise, sur le plan psychologique, l'opposition entre l'irrationnel et le logos (personnifié par Pauli). Selon Jung, si la pensée occidentale s'est développée en tant que rationalité, la pensée extrême-orientale se fonde sur « une autre manière de comprendre plus vaste, plus haute, la compréhension à l'aide de la vie. »[85] La Chinoise représente ainsi le pendant de la rationalité, une activité non discriminante et globalisante. Plus encore, « elle est elle-même, écrit Pauli, cette unité absolue de la psyché et du monde physique qui pose encore problème à l'esprit humain, elle voit des choses particulières. Mais, libre de toute rationalisation, elle ne possède pas les mêmes capacités rationalisantes que ma conscience (pensée logique, mathématique, etc.). »[86] En commentant le rêve de Pauli, Jung identifie la danseuse chinoise à l'*anima* qui se place en regard du *logos*. Un couple identique se retrouve dans le commentaire qu'il fait du traité de Lu Tsou (alchimiste

---

84W.Pauli, *Correspondances Jung/Pauli*, Albin Michel, 2000, p. 203.
85C.G. Jung, *Commentaire sur le Mystère de la Fleur d'Or*, Albin Michel, p. 22.
86W.Pauli, *Correspondances Jung/Pauli*, Albin Michel, 2000, p. 139.

chinois du VIIIe siècle), *Mystère de la Fleur d'Or*, dans lequel il identifie l'*anima* à l'âme corporelle [ch. houen, jp. haku, 魄]. La Chinoise se caractérise en effet par certains éléments d'ordre corporel : son activité consiste dans la *danse* et son expression est la pantomime. « Elle ne parle pas et ne s'exprime que par pantomime, comme le font les danseurs de ballet. »[87] Pauli souligne que son activité se caractérise par le rythme : « Elle repart dans l'escalier sans cesser de « danser » de façon rythmée. [...] Ce rythme répété se met à agir et donne naissance à un mouvement de rotation (circulation de la lumière) »[88]. Il y voit le principe de la conjonction des opposés qui va être encore symbolisé dans le rêve par la disparition progressive de la division entre le haut et le bas. « Diverses expériences accumulées pendant des années m'ont conduit, écrit Pauli, au résultat que les sensations rythmiques exprimées ici reposent sur la perception inconsciente de *séquences archétypales*. » Les analyses de Pauli concernant le rythme et la conjonction des opposés sont confortées par l'analyse que fait Jung du rêve : « La Chinoise, commente Jung, relie visiblement en rêve les positions opposées, et cela donne naissance à la « circulation », c'est-à-dire à la *rotation*. Cette dernière est accompagnée d'une modification de l'espace qui se contracte. C'est ainsi qu'il y a aussi une modification du temps et de la causalité ! » Notons ici la relation que Pauli établit entre la modification de l'espace, du temps et de la causalité, à partir du mouvement dansé : nous retrouverons ces éléments articulés de la même manière dans la danse du mandala que nous analyserons en cinquième partie.

87Ibid., p. 137. Rêve du 28 septembre 1952.
88Ibid.

C. Le modèle alchimique : la pierre non-pierre

Selon l'analyse qu'en fait Jung, conformément à la tradition bouddhique, les mandalas expriment un processus de centrage, processus de mise en ordre psychologique, qui peut s'effectuer soit spontanément, soit à l'occasion d'une démarche volontaire (cure analytique, pratiques introspectives, etc.). « Le mandala, écrit Jung, se présente tout d'abord au conscient comme un point imperceptible, et il faut généralement un travail long et approfondi et l'intégration de nombreuses projections pour discerner de façon presque complète toute la portée du symbole. » Cette structure géométrique est à la fois le fondement à partir duquel l'individu, le *moi*, s'est développé, et en même temps ce qu'il doit retrouver pour coïncider avec lui-même. Processus que l'on peut qualifier de renouvellement au sens de « restauration d'un état originel, une *apokatastasis* » – ce qui comprend également le côté animal et donc la part corporelle. Jung repère ce processus de restauration à la fois dans l'alchimie occidentale et orientale.

L'analyse qu'il fait de l'alchimie, et particulièrement de l'œuvre de Dorn, lui permet de dégager une méthode grâce à laquelle l'adepte arrive à coïncider avec lui-même et ensuite à s'unir au monde. Cette méthode alchimique comporte trois étapes qui correspondent à trois degrés d'union appelés « conjunctionis ». Le premier degré (*unio mentalis*) est la conjonction entre l'âme et l'esprit – ce qui requiert tout d'abord *une séparation de l'âme d'avec le corps* ; le deuxième degré est la conjonction de ce nouveau composé avec le corps ; la troisième et ultime union (*mysterium conjunctionis*) est la conjonction du composé corps-âme-esprit avec l'Un – unité primordiale du monde désigné également au regard de son caractère de totalité, « unus mundus ».

Dans le système de Dorn, l'âme (*anima*) représente une instance psychique qui se situe entre l'esprit et le corps. Elle se rapporte au corps et, à travers lui, au monde physique. Celui-ci, selon Dorn, accapare l'âme de telle sorte, que le lien qu'elle devrait constituer avec l'esprit se trouve détruit (ou plus exactement recouvert d'un voile) – d'où la nécessité de le reconstituer (le dévoiler). Quant à l'esprit (*animus*), instance proprement immortelle, il est constitué de « toutes les facultés mentales supérieures, raison, connaissance et discrimination morale » – *anima rationalis* –, mais aussi, au-delà de ces facultés, il est formé de réalités universelles, « divines », qui ne relèvent donc pas du moi, mais le transcende. L'esprit est ainsi une « fenêtre sur l'éternité ». Il a donc accès à un ordre supérieur qu'il doit communiquer à l'âme pour la vivifier. Jung voit dans cet ordre supérieur une « structure proprement innée qui a échappé au père de la psychanalyse ».

Première étape : se détourner du corps

Au premier stade, il s'agira donc pour l'adepte de se détourner du corps, c'est-à-dire des réalités sensibles, afin de « libérer l'âme de l'état d'encombrement et de captivité qui est le sien dans le monde des corps » : « Puisque, sous l'empire des projections, écrit Jung, nous sommes empêtrés de façon inadmissible dans ce qui nous est étranger, Dorn conseille non sans justesse une attitude quasi ascétique à l'égard du monde pour libérer l'âme de l'état d'encombrement et de captivité qui est le sien dans le monde des corps. »[89] Cette première étape ne constitue pas

89C.G. Jung, *Mysterium conjunctionis*, Albin Michel, 1982, p. 297.

une répudiation du corps et du monde physique. Pour l'alchimiste, le corps, et plus globalement la sphère physique, est une partie du Soi – terme de la connaissance de soi-même. Toutefois, la première étape vers une unité plus haute consiste bien en un détachement du corps afin de donner à l'âme la possibilité de retrouver le lien qui l'unit à l'esprit. Il s'agit là d'une *refondation* : le sujet se retourne pour retrouver son principe. « Le premier degré, commente Jung, consiste en ce que nous devons renoncer au " corporel " et au " temporel " pour atteindre le *primum principium* (le premier principe) qui est spirituel et éternel et se trouve " au-dessus de nous ". »[90]

Deuxième étape : unir l'âme-esprit et le corps

Le deuxième stade est celui de l'unification du complexe esprit-âme avec le corps. Étape qui représente tout aussi bien une spiritualisation du corps qu'une concrétisation de l'esprit. Toutefois, contrairement à l'état initial, dans cette nouvelle complexion, ce n'est plus l'âme qui est sous l'emprise du corps, lui-même étant sous la fascination des choses sensibles, mais c'est l'âme qui conduit le corps, elle-même sous la gouvernance de l'esprit. « L'âme représente un organe de l'esprit qui a, de même, de son côté le corps pour instrument. » Le corps se métamorphose, il devient ce par quoi l'esprit se *dévoile*.

Troisième étape : l'homme et l'Unus Mundus

Au troisième stade, qui achève le *mysterium conjunctionis*, l'adepte, ayant retrouvé l'unité de sa complexion – avoir produit l'Un en lui-même – s'unit au monde. Quelle est la nature de cette union ? C'est ce qu'il

90Ibid., p. 303.

nous faut considérer en regard des pratiques contemporaines que nous avons présentées en première partie. « Le troisième et suprême degré signifie pour [Dorn] l'union de l'homme intégral avec l'*unus mundus*. Par ce dernier terme, il entend, comme nous l'avons vu, le monde potentiel du premier jour de la création où rien n'existait encore *in actu*, c'est-à-dire dans le deux et la pluralité, mais seulement dans le Un. »[91] L'unification finale de l'adepte avec le monde s'opère donc à travers le principe suprême et unique qui réside derrière la diversité des manifestations phénoménales et leur confère leur unité et leur ordre. Il ne s'agit donc pas d'une unification avec le monde à travers la sensibilité comme le recherchent les Contacteurs de Paxton ou encore les danseurs du butō[92]. L'unité sensible avec le monde est celle, selon Dorn, d'une complexion humaine corrompue qu'il s'agit justement de rectifier, complexion qui rend le corps, en son activité, soumis aux objets foisonnants et changeants de la sensibilité, corruption du corps qui entraîne à sa suite l'âme en la coupant de son principe. L'individu est alors empêtré « de façon inadmissible » dans ce qui lui est étranger, devenu incapable de comprendre le point de vue ancien de la conjonction : « Cette manière de voir, écrit Jung, paraît à l'homme occidental peu réaliste, trop " mystique ", et, tout d'abord, il ne voit pas comment un Soi pourrait s'être réalisé en entrant en relation avec le

91Ibid., p. 337.
92On notera l'incompréhension de la pensée jungienne dont fait preuve le danseur butō Ganiko Magy lorsque, se référant à Jung, il recommande de se fondre dans le monde sensible. Il confond la *conjonction* avec la *fusion*. Pourtant Jung prévient ses lecteurs contre une telle méprise lorsqu'il écrit que ce dont il s'agit est « de produire également l'unité avec le monde, non pas avec la réalité multiple que nous voyons, mais avec un monde potentiel qui correspond au fondement éternel de toute existence empirique. » Voir *Synchronicité et Paracelsica*, Albin Michel.

monde premier de la Création. [...] Bref, l'homme moderne est ici au bout de son expérience et par suite, il cesse ordinairement de comprendre et – trop souvent malheureusement – de désirer en apprendre davantage. »[93] Jung oppose ainsi l'*unio mystica avec le monde potentiel* des alchimistes à l'*adaptation* des modernes – le monde potentiel (ununs mundus) correspond, chez lui et Wolfgang Pauli, aux strates les plus profondes de l'inconscient collectif et donc premièrement au Soi (symbolisé chez les alchimistes par la « pierre » où se résorbent toutes les oppositions). Il s'agit « de supprimer la séparation entre la conscience et l'inconscient, la véritable source de vie, et d'amener une réunification de l'individu avec la terre maternelle de sa disposition instinctive héritée. »[94] Ce processus de renaissance prend pour principe la circumambulation. « Afin que cette métamorphose ait lieu, il est indispensable qu'on procède à la *circumambulatio*, c'est-à-dire à la concentration exclusive sur le centre, lieu de la transformation créatrice. »[95]

Récapitulons. On voit bien ici les deux directions que peuvent prendre les pratiques qui recherchent l'unité du sujet avec le monde : d'une part, celle de la conjonction qui correspond chez Jung au processus d'individuation, l'unité avec le monde exige alors que le sujet se différencie de son milieu et trouve, tout d'abord, son unité et sa singularité ; d'autre part, celle de la fusion qui produit une perte d'unité du sujet qui se désagrège dans le milieu sensible, état qui se rapporte à « l'inconscience primitive, semi-animale ».

93Ibid., p. 340.
94C.G. Jung, *Psychologie et alchimie* Albin Michel, 2004, p. 172.
95Ibid., p. 192.

D. PARADOXE DU BOUDDHISME : DUEL ET NON-DUEL

D 1. Logique en physique et dans le bouddhisme

Comme nous l'avons présenté dans notre première partie, la danse contemporaine s'inspire de la pensée extrême-orientale. Pauli et Jung s'y réfèrent également en interprétant la non-dualité du bouddhisme à partir du concept de complémentarité[96], c'est-à-dire non au sens de fusion, mais de conjonction. Le concept de complémentarité de Bohr (selon lequel les éléments d'une dualité, s'excluant mutuellement, ne sont pas contradictoires, mais les aspects opposés d'une réalité unique plus fondamentale) correspond, en effet, à certaines écoles du bouddhisme qui affirme *à la fois* la dualité et la non-dualité. « Cette logique[97], écrit Michel Cazenave, est celle de Sanjaya entre autres, et elle est largement exprimée dans le Canon Bouddhique de langue palie, sous la forme suivante : 1/ *atthi* (il y a...) ; 2/ *nathhi* (il n'y a pas...) ; 3/ *atthi ca natthica* (il y a et il n'y a pas) ; 4/ *n'ev athhi na n'atthi* (ni il y a ni il n'y a pas). »[98] Pour transposer cette logique dans le domaine de la physique, Cazenave prend l'exemple de la dualité onde/corpuscule des électrons.

96Cet intérêt pour l'Extrême-Orient est partagé par les physiciens, dont Heisenberg. « La grande contribution apportée par le Japon, écrit Heisenberg, à la théorie quantique depuis la dernière guerre peut être un indice d'une certaine parenté entre les idées philosophiques traditionnelles de l'Extrême-Orient et le contenu philosophique de la théorie quantique. », *Physique et philosophie*, Albin Michel,p. 271.

97« Il est nécessaire, insiste Cazenave, d'avoir la conscience claire et nette que ces propositions ne s'énoncent pas dans le même plan d'existence. » M. Cazenave, *L'âme et la science*, Albin Michel, p. 175.

98M. Cazenave, *L'âme et la science*, Albin Michel, 1996, p. 175.

« 1.a est a (principe d'identité) ;
2.a n'est pas non-a (principe de non-contradiction et de tiers exclu) ;
3.a est a et non-a (maintient de l'identité, mais disparition de la non-contradiction et du tiers-exclu) ;
4.a n'est ni a ni non-a (disparition simultanée de l'identité, de la non-contradiction et du tiers-exclu) ;
Ou si l'on veut s'amuser à l'appliquer à l'électron :
1.la particule est elle-même ;
2.la particule n'est pas l'onde
3.la particule est la particule et l'onde
4.la particule n'est ni l'onde ni la particule »

L'on peut évoquer de même la doctrine paradoxale du bouddhisme japonais Shingon 真言. Là aussi, le Shingon affirme non pas seulement la non-dualité, mais *à la fois* la dualité et la non-dualité du monde. Sa doctrine est tout entière fondée autour du paradoxe d'un univers à la fois un et multiple, paradoxe que résume la locution *ninifuni* [二而不二, duel et non-duel]. Se fondant sur les Sutras Dainichi-Kyō et Kongō-Kyō[99], la secte Shingon affirme que la totalité de ce que nous percevons dans le monde et la diversité des phénomènes ne sont que les apparences multiples d'une seule et même réalité : l'Un, personnifié par Dainichi 大日 dont le nom signifie « Grand Illuminateur »[100]. Les adeptes de cette école peuvent de ce fait également affirmer leur identité avec toutes les choses de l'univers, et donc l'identité profonde de toutes choses entre elles : « La matière et l'esprit ne sont pas deux » [色心不二, shiki shin funi]. La dualité n'est pas niée : les affirmations du Shingon doivent être entendues à partir de cette vérité fondamentale, « duel et non-duel », qui constitue le moyeu de sa doctrine. Lorsque le Shingon

99Rotermund, *Religions, croyances et traditions populaires du Japon,* 2000, Maisonneuve et Larose, p. 188.
100Toutes les manifestations sont donc considérées comme des émanations parcellaires de ce Bouddha.

affirme « la matière et l'esprit ne sont pas deux », il n'affirme pas que le plan de l'esprit est réductible à celui de la matière, mais le paradoxe d'une réalité possédant différents niveaux. De la même façon, le corps est conçu comme possédant une réalité paradoxale de sorte que l'adepte peut affirmer : « mon propre corps est le Grand Illuminateur » [*jishin soku dainichi* 自身即大日]. A ce propos, Kūkai écrit : « Le corps même du *bouddha* est le corps de la multitude des êtres, le corps même de la multitude des êtres est le corps du *bouddha*. Dissemblables, ils sont semblables, indistincts, ils sont distincts. »[101] » Ainsi, si l'Éveil est originel, il doit être également à réaliser. C'est pourquoi le Shingon présente l'ascèse et l'Éveil de manière paradoxale[102]. De là des doublets tels que *hongaku* 本覚 « Éveil originel » et *shikaku* 始覚 « Éveil inchoatif » ou *honnu* 本有 « originellement existant » et *shushō* 修生 « produit par la pratique » ». Remarquons que la formule « ninifuni » – « duel et non-duel » – est similaire à celle avec laquelle les alchimistes caractérisent la pierre philosophale, « pierre non-pierre », que Jung identifie au Soi.

Par ailleurs, Jung et Pauli font référence au taoïsme, notamment à Lao Tseu, Tchouang Tseu et Lu Tsou. Selon eux, le Tao représente le lieu où les contraires sont dépassés et trouvent leur unité. « L'esprit originel, écrit Lu Tsou, est au-delà des distinctions polaires. C'est ici le lieu d'où le ciel et la terre tirent leur existence. […] Mais seul est capable de cela celui qui a contemplé la nature de

---

101P. Régnier, « Symbolique du corps, et corps symbolique dans les contemplations Shingon », *Le corps et le sabre*, Cénacle, p. 69.
102« On en trouve encore la confirmation dans la négation d'une autre dualité, celle du profane et du saint (*bonshō fu.ni* 凡聖不二), c'est-à-dire celle du corps saint (de Loi) et du corps profane (du pratiquant).

l'homme dans son visage originel. »[103] Pauli et Jung perçoivent ainsi dans le Tao un principe ordonnateur[104] – « Le Tao n'agit pas et pourtant par lui tout se fait *spontanément.* »[105] Pour atteindre à ce plan, Lu Tsou recommande une « méthode rétrograde » qui consiste, pour l'essentiel, à se détourner des réalités visibles et à contempler l'Un. Toutefois, Isabelle Robinet, dans son *Histoire du Taoïsme,* et Jacques Joly, dans l'étude qu'il consacre au concept de spontanéité chez Andō Shōeki, *Le naturel selon Andō Shōeki*, montrent que la pratique ascétique du taoïsme a quelques fois été confondue, notamment au IIIe siècle, avec une forme de laisser-aller sensitif – nous reviendrons sur ce point dans notre quatrième partie.

E. Le retournement du regard

L'ascèse de Lu Tsou comme celle du bouddhisme, doit permettre, selon Jung, un déplacement du centre intime, le moi, vers un autre centre plus impersonnel. Cette migration s'éprouve de telle manière que l'individu a le sentiment d'« être remplacé », comme si la direction des affaires vitales s'était déplacée vers un centre invisible, situé au-delà des dualités. Cette interprétation d'une vitalité non individuelle renvoie à la théorie d'Arthur Schopenhauer dont Pauli s'inspire, considérant que sa philosophie est proche des perspectives de la science physique quantique. A condition de voir dans la vitalité

103Lu Tsou, *Secret de la Fleur d'or*, Librairie de Médicis, 1969, p. 52.
104Selon eux, si le Tao est qualifié de « néant » ou de « non-être » par les taoïstes, cela signifie, non pas qu'il soit inexistant, mais qu'il n'apparaît pas lui-même dans l'univers sensible (c'est pourquoi Pauli ne le considère pas comme cause).
105Lao Tseu, *Tao Te King.*

physique et psychique une forme de volonté, l'on retrouve, en effet, chez Schopenhauer, l'idée qu'il existe une Volonté unique derrière la multiplicité des apparences, Volonté une et indivisible. « Ces objets, écrit Schopenhauer, ces représentations sont donc quelque chose en dehors de ce fait qu'ils sont des représentations ? Et, alors que sont-ils dans ce cas ? Par quel autre côté diffèrent-ils si profondément de la représentation ? Qu'est-ce que la chose en soi ? – c'est la Volonté. »[106] Pauli et Jung retrouvent ainsi la proposition principale du philosophe en comprenant eux-mêmes l'*objet* au titre de *représentation* – ce qui était tout d'abord une proposition de Mach – et en voyant dans la multiplicité des phénomènes, l'expression d'une réalité unique en soi – principe d'unité des opposés. Cette conception ontologique conduit Schopenhauer à soutenir que l'homme n'est pas entièrement inscrit dans le monde à travers la causalité, mais qu'une partie de son activité échappe au carcan de l'espace et du temps et, par conséquent, à la loi causale. Selon lui, cette idée, si largement partagée par tous les peuples et depuis toujours, provient du fait « qu'on perçoit dans les mouvements de son propre corps une influence de la volonté totalement inexplicable, donc évidemment métaphysique. Et cette volonté, pense-t-on, ne pourrait-elle pas s'étendre à d'autres corps ? »[107] « Au siècle dernier, écrit Pauli, dans son texte sur le " magnétisme animal et la magie ", un esprit aussi critique que le philosophe Schopenhauer, excellent connaisseur et admirateur de Kant, a considéré comme tout à fait plausible l'efficacité dite magique, et il l'a interprété, dans la terminologie qui lui est propre,

---

106A. Schopenhauer,*Le monde comme volonté et représentation*, PUF, 1998, p. 163.
107A. Schopenhauer, *La volonté dans la nature*, PUF, 1998, p. 167.

comme résultat d'intervention directe de la Volonté, rompant les barrières de l'espace et du temps. »[108]

Pour accéder à la source vitale, réalité en soi, Schopenhauer préconise une sorte de réduction de l'activité sensitive, puis de tout processus conscient discriminant par nature, qui doit permettre à l'individu de coïncider avec lui-même et par conséquent avec le monde à partir de sa propre intimité. « La Volonté, précise Schopenhauer, est à l'œuvre dans son originalité comme chose en soi, ce qui exige que la représentation, domaine différent, élément secondaire, soit exclue au maximum. [...] La vérité de cette unité de la Volonté en deçà des représentations se manifeste notamment lorsque les barrières du *principium individuationis* (espace et temps) étant rompues, la communauté des pensées et des mouvements s'instaure. »[109]

Il y a chez Schopenhauer une méthode ascétique qui consiste pour l'essentiel à détourner l'attention du monde sensible, pour la diriger vers l'espace central. Méthode qui renvoie à l'introspection de Pauli. On le voit, le paradigme de la science physique quantique porte un nouveau rapport à soi et un nouveau rapport au monde. Nous nous proposons, dans la partie qui suit, de rendre compte des principes et des difficultés de cette méthode ascétique, de refondation, tout d'abord chez Plotin, puis chez Morihei Ueshiba dont la pensée et la pratique sont très proches de l'alchimiste chinois Lu Tsou.

108W. Pauli, « La science et la pensée occidentale », *Physique et philosophie moderne*, Albin Michel, p. 177 .
109A. Schopenhauer, *La volonté dans la nature*, PUF, 1998, p. 156.

Partie III

Le corps de feu chez Plotin

Wolfgang Pauli[110] et Carl Gustav Jung étudient Plotin[111] dans le détail. La philosophie de Plotin nous intéressera pour plusieurs raisons : tout d'abord, parce que sa pratique philosophique a pour projet de retrouver une spontanéité originelle (principe de la liberté), selon une méthode ascétique qui tient du retournement du regard : conversion de l'attention vers l'Un-Bien qui commence par un détournement du « bruit » sensible ; ensuite, parce que cette conversion de l'attention repose sur une nature du corps ordinairement enfouie, nature que nous pouvons qualifier de « corps originel » – ce qui lui permet d'expliquer le passage du mouvement circulaire vital de l'âme au mouvement circulaire local du corps (question essentielle qui est au cœur de notre étude du mandala) ; enfin, parce que ce mouvement circulaire, qui caractérise l'âme et le corps originel (de *feu*), repose sur un rapport de *correspondance* qui relie, selon lui, toutes les choses entre elles et qui fait de l'univers un tout.

Dans son ouvrage consacré à la synchronicité, *Synchronicité et Paracelsica*, Jung recherche les notions anciennes qui puissent faire écho à son concept de synchronicité (entendu comme facteur d'ordre échappant au carcan spatio-temporel). « Il nous faut remonter jusqu'à Héraclite pour trouver dans notre univers culturel – en philosophie du moins – une pensée analogue. »[112] Il mentionne à plusieurs reprises Plotin lorsqu'il évoque l'idée de *correspondentia* et de sympathie dans l'Antiquité. « Il faut se rappeler à ce propos la doctrine de la *correspondentia*, dans la philosophie médiévale de la

110W. Pauli étudie Plotin notamment avec A. Speiser et H.R. Schwyzer.
111Plotin (205-270).
112C.G. Jung, *Synchronicité et paracelsica*, Albin Michel, p. 78.

nature. [...] Le principe universel est présent même dans la partie la plus intime, et celle-ci est donc en accord avec le Tout. »[113] Après avoir présenté la théorie d'Hippocrate de l'unité de toutes les choses en vertu du « grand Principe », il mentionne Philon d'Alexandrie selon lequel les choses sont liées entre elles par un lien d'amitié, puis en vient à évoquer Plotin concernant notamment l'unité de toutes les âmes qu'il déclare, et le principe de sympathie qui est au fondement de l'ordre universel, selon lui. « Chez Plotin, écrit Jung, les âmes indivisibles émanées de l'âme universelle unique entretiennent des rapports de sympathie ou d'antipathie réciproques, sans que la distance ne joue aucun rôle. »[114] Plotin conçoit, en effet, que toutes les âmes ne sont qu'une. « Il n'y a qu'une seule âme et chaque âme est totale »[115], et qu'ainsi l'univers constitue une totalité, « comme un vivant qui forme une unité », dont les parties sont en rapport les unes avec les autres par un lien de sympathie indépendant de l'espace qui les sépare. « Même s'il y a quelque chose entre elles et même si cette chose ne subit aucune affection, explique Plotin, une partie en est affectée par une autre qui n'est pas dans son voisinage. »[116] Plotin fait procéder de cette unité la course et la dynamique des corps célestes, établissant ainsi un rapport entre l'état de l'âme et le mouvement corporel de type circulaire. Ce rapport que fait Plotin nous donnera des clés pour comprendre la dynamique circumambulatoire qui caractérise la danse Kagura Mai (danse du mandala).

113Ibid., p. 84.
114Ibid., p. 83.
115Ennéade IV, 3, 2.
116Ennéade IV, 4, 32.

I. La sympathie et le mouvement des astres

A. Le lien de sympathie comme principe d'ordre

Plotin distingue deux parties à l'âme, l'une essentielle, et une autre partie, non essentielle, qui lui a été ajoutée, qui « lui vient du monde ». C'est à partir de cette conception ontologique qu'il définit sa pratique philosophique comme une ascèse – processus de simplification, de centrage, grâce auquel l'adepte parviendra à se tenir en lui-même, indifférent aux influences extérieures. Néanmoins, ce cheminement vers les profondeurs de l'intériorité doit également lui permettre de s'unir à la totalité. « Ce sont aussi les autres choses, écrit Plotin, et pas seulement nous-mêmes qui sont les choses d'en haut ; nous sommes donc tous les choses d'en haut.[...] Nous sommes donc Tout et Un. »[117] Pour expliquer cette forme d'unité principielle, il compare la circulation parfaitement réglée des corps célestes et la danse – distinguant la danse qui se fait sur un « mode essentiel » de celle qui s'exécute par « dissipation charnelle ».

B. Le mouvement des astres et des danseurs

Dans le Traité 28, *Sur les difficultés relatives à l'âme, Livre II*, Plotin compare la révolution des corps célestes à celle des danseurs au sein d'un chœur. La comparaison met en rapport non pas l'activité du ciel avec celle de l'homme ordinaire, aux prises avec les aléas de la vie quotidienne,

117Ennéade VI, 5, 12, 1.

mais avec celle de l'homme exécutant une danse chorégraphiée.

Comment agissent « les choses qui sont dans le ciel » ? Tout d'abord, il s'agit de noter que le ciel se caractérise par son bel ordre – harmonieux, géométrique et inaltérable. Cette harmonie générale, selon Plotin, témoigne du fait que chaque partie qui la compose obéit à un même principe ordonnateur, et est reliée par *sympathie* aux autres et avec le Tout. Il compare cet accord des choses célestes aux « cordes d'une lyre qui vibrant par sympathie, produit une mélodie naturellement harmonieuse. »[118] Les corps célestes ne sont pas tous identiques, ils diffèrent les un des autres notamment par leur position et leur mouvement. Pourtant, malgré ces différences, le Tout auquel ils participent montre un ordre parfait. Le principe ordonnateur qui gouverne le Ciel, par sympathie, ne réduit donc pas les différences entre les individus.

La course des astres est comparée à une danse chorégraphiée où tout est décidé par avance – les déplacements, les postures, jusqu'au moindre geste – de telle sorte que le chœur se trouve précisément ordonné. Si les gestes des danseurs sont variés, chaque partie de leur corps accomplissant des mouvements différents, ils ne se font pas aléatoirement, mais suivent un plan strict les intégrant dans la totalité de la pièce dansée, dans un parfait accord avec la gestuelle des autres danseurs et le jeu des musiciens. « Chez les danseurs, écrit Plotin, chacune des deux mains a une puissance qui lui est propre comme c'est le cas pour les autres membres »[119], mais leurs mouvements répondent à un principe ordonnateur unique, de sorte que l'ensemble est présent dans les parties, et le détail de leur mouvement. « Les parties des membres qui

118Ennéade IV, 4, 8.
119Ennéade IV, 4, 34.

participent à la danse et ce qui s'y attache, comme les doigts contractés, leurs nerfs et les vaisseaux qui sont affectés en même temps que les membres et leurs parties »[120] s'accordent avec « la mélodie des flûtes, la voix des chanteurs et les autres éléments qui s'y attachent. » A l'image des choses célestes qui se meuvent d'elles-mêmes selon leurs caractéristiques propres et pourtant selon la totalité du Ciel, le danseur suit *spontanément* cette totalité qu'est la chorale : « c'est pour exécuter la danse que ses membres subissent des affections, ils sont au service de la danse et l'interprète dans sa totalité. »[121] Au sein de cet ordre, l'activité du danseur ne relève donc pas de la délibération et du choix, car son chemin est prévu, de telle « sorte qu'un amateur peut dire d'avance qu'à telle figure tel membre du corps s'élève, tel autre s'infléchit, tel autre s'abaisse. »[122] Ce rapport entre le mouvement individuel et l'ordre total fait de la danse une image de l'ordre céleste – « [le danseur] adopte la position qui doit nécessairement être celle de la partie qui concourt à l'exécution de la danse. Il faut dire que c'est bien de cette façon que les choses qui sont dans le ciel font ce qu'elles font. »[123]

Qu'est-ce qui motive alors les astres dans leur course ? Pourquoi exécutent-ils leur mouvement ? Ce n'est ni la curiosité ni l'inquiétude. Ils n'ont pas pour but non plus de parcourir une certaine distance ni de le faire en un certain temps. Ils n'ont pas pour intention d'aller à un endroit où s'achèvera leur course ni de se mouvoir jusqu'à un certain instant où leur parcours se terminera. Leur mouvement, puisqu'il ne relève d'aucune intention, nous dit Plotin, est « en repos par rapport à ce qui se trouve extérieur à lui ».

120Ibid.
121Ennéade IV, 4, 33.
122Ibid.
123Ibid.

Il n'est donc pas un mouvement local, mais « un mouvement vital. »[124]

Le temps de ses révolutions le danseur délaisse l'activité humaine ordinaire caractérisée par l'hésitation, la délibération et le choix. Il n'a pas à tenir compte de ce qui se fait autour de lui, à s'inquiéter de ce qu'il fait et de ce qu'il devrait faire en fonction de la variation du milieu. Il n'a qu'à exécuter ce qui était prescrit. C'est en vertu de cette prescription que tous les éléments, qui concourent à la danse, s'accordent. Ce n'est pas en fonction d'un rapport causal qu'ils s'ajustent, mais d'un plan (la chorégraphie) posé en dehors du temps – ce plan représente bien une structure éternelle qui se déploie progressivement dans le temps, avec le geste. Ainsi, lorsqu'il exécute son art, le danseur se situe en quelque sorte hors du monde sensible : son activité n'est pas soumise aux aléas du temps, à la temporalité de l'avant et de l'après. Il fait l'expérience d'une liberté toute divine, exécutant ses voltes comme de son initiative et suivant, pourtant, le chemin d'une chorégraphie réglée dans le détail. La danse se présente, par conséquent, comme un moment d'exception qui permet d'approcher ce qui est ordinairement inaccessible à l'homme : une liberté individuelle qui s'accorde avec l'ordre du monde. Le danseur figure l'homme inspiré, l'*homme-dieu*, qui agît avec l'assurance de réussir, dont le parangon est Zeus[125] : « Ce qu'il doit faire est déjà

124Ainsi, contrairement à ce qui n'atteint sa perfection que lors de son achèvement, leur course est toujours parfaite, toujours égale à elle-même, ne connaissant ni début ni fin. Si donc il est possible de comparer ces mouvements et cet ordre céleste avec la danse, il faudrait imaginer une *danse parfaite* qui ne cesse jamais, car « si c'était à une danse qui doit s'arrêter, cette danse ne serait achevée dans sa totalité que quand elle aurait été exécutée du début à la fin. »

125« Pourquoi [Zeus] aurait-il encore besoin, écrit Plotin, de calculer et de comparer le passé et l'avenir avec le présent ? Et cette connaissance de l'avenir, si on admet qu'elle se trouve en lui, va

découvert et prescrit […] et puisque cette réflexion n'est pas soumise au changement, il s'ensuit nécessairement que cette âme ne l'est pas non plus. »[126] Le temps de la chorégraphie, le danseur a opéré ce *bond* hors du monde sensible où règnent le hasard et l'inquiétude. La danse est une allégorie corporelle pour dire la liberté qui est celle du mouvement des astres, en même temps qu'elle est une assomption pour l'âme humaine en la dégageant, le temps de son exécution chorégraphiée, de ses incertitudes, de son activité délibératoire et de la nécessité de poser des choix.

C. Origine du mouvement circulaire

Pour Plotin, la révolution des corps célestes exprime le mouvement circulaire de l'âme qui contemple son principe, indifférente au monde « extérieur ». Ce mouvement circulaire local doit se comprendre comme étant la trace qui renvoie à un autre mouvement circulaire, celui de l'Intellect qui « exerce son activité en circulant autour du Bien ». Le modèle ontologique plotinien se présente ainsi comme un emboîtement de plans caractérisés par leur type de mouvement : l'âme « *danse autour* de l'Intellect de l'extérieur », tandis que l'Intellect *tourne sur lui-même*, autour de son centre qu'est l'Un – qui demeure *immobile*. De sorte que l'on peut dire que l'âme tourne autour de l'Un qui est son centre ultime. L'on passe ainsi de l'immobilité au mouvement. Néanmoins, cet emboîtement des mouvements circulaires – centrés – ne progresse pas jusqu'aux corps de la région terrestre.

ressembler non pas à celle des devins, mais à celle des gens qui produisent avec l'assurance qu'ils réussiront. Cela revient à dire que cette connaissance ressemble à celle des gens […] pour qui il n'y a aucune incertitude ni hésitation. » Ennéade IV, 4, 10.

126Ennéade IV, 4, 10.

Pourquoi le corps particulier, et notamment le corps humain, ne se meut-il pas suivant le principe du cercle ?

Le Traité 14, *Sur le mouvement circulaire*, commence par cette question : « Pourquoi le ciel se meut-il en cercle ? » La réponse que donne Plotin est qu'« il imite l'Intellect ». La question se pose ensuite de savoir si ce mouvement circulaire, que montrent les corps célestes, appartient au corps ou à l'âme. De quelle nature est ce mouvement ? Plotin en donne les caractéristiques : « il est dirigé vers lui-même et non pas vers l'extérieur ni vers un autre endroit. » On l'a vu, le mouvement du Ciel, s'il est circulaire, n'est pas à proprement parler local : il ne vise pas un lieu, il est l'expression vitale d'un centre immobile. « Et comment se meuvent donc les hommes ? – demande encore le disciple. [...] Pourquoi nos corps n'agissent-ils pas ainsi également ? Parce que, répond Plotin, ce qui se meut en ligne droite est attaché à nos corps, que nos tendances nous portent dans des directions variées et ce qui est en nous de forme sphérique n'est pas facile à mouvoir en cercle, car il appartient à la région terrestre. »[127] Plotin donne ici pour raison à la différence entre le mouvement de l'homme et celui des astres, la constitution corporelle des deux régions, terrestre et céleste. Par l'expression « ce qui est de forme sphérique », il désigne l'élément *feu*, et par « ce qui se meut en ligne droite », la *terre*, l'*eau* et l'*air* qui sont avec le *feu* les quatre éléments constituant les corps terrestres. Les corps des astres « semblent se composer de *feu* dans leur plus grande partie ou en totalité ». Le *feu* est décrit par Plotin comme étant naturellement *attiré* de manière rectiligne vers le centre de l'univers, mais dans l'incapacité néanmoins de pouvoir l'atteindre, de sorte qu'il se contente de *tourner* autour de lui – son mouvement tout d'abord

127Ennéade II, 2, 2.

linéaire devenant ainsi circulaire[128]. Le mouvement circulaire des corps célestes s'explique donc par leur attirance insatiable pour le centre, contrairement donc aux corps terrestres dont la constitution ne les conduit pas spontanément vers le centre : « puisqu'il est mélangé aux autres éléments lorsqu'il se trouve près de la terre, le feu contenu dans notre corps a de la *difficulté* à se mouvoir circulairement. » Si l'élément, qui compose les corps célestes, les dispose à accomplir un mouvement circulaire, la matière qui compose les corps terrestres les en détourne. On peut donc noter qu'il existe, selon Plotin, un conflit intime au sein des corps terrestres entre l'élément *feu* (qui est attiré par le centre et se meut en cercle) et les autres éléments – comme deux dimensions corporelles.

Toutefois, si le mouvement des astres est circulaire, ce n'est pas uniquement à cause de la nature de leur corps, mais aussi parce que leur âme engage ce mouvement, contrairement à celle des corps terrestres. En effet, l'âme des astres, comme le fait l'Âme du monde, anime leur corps sans cesser de contempler l'Intellect et, à travers lui, le Premier principe, l'Un. Il y a donc une coïncidence entre l'âme et le corps des astres : ils possèdent une commune appétence pour le centre et donc une commune tendance au mouvement circulaire. A l'inverse, si le mouvement du corps particulier de la région terrestre, et particulièrement du corps humain, ne suit pas le principe du cercle, ce n'est pas uniquement à cause des trois éléments qui le composent en plus du feu, mais aussi à cause de la faiblesse de leur âme : *incapable de soutenir une contemplation vers le centre*, elle « s'abaisse » vers le corps et le monde sensible.

128Notons ici l'opposition à Aristote qui ne pense pas que le feu compose les astres puisque, selon lui, le mouvement du feu est linéaire et non circulaire.

D. Le désir d'indépendance de l'âme particulière

Pourquoi l'âme humaine, contrairement à l'Âme du monde et aux âmes des corps célestes, s'abaisse-t-elle ? Selon Plotin, toute âme – l'âme particulière comme l'Âme de l'univers – est duelle : elle réside, dans le monde sensible, en prise avec le corps, tout en demeurant là-bas, dans l'intelligible, contemplant l'Un. « Toute âme, écrit Plotin, possède une partie inférieure orientée vers le corps et une partie supérieure orientée vers l'Intellect. »[129] Ce n'est pas le fait d'être bipolaire, et particulièrement en rapport avec le corps, qui rend l'âme incapable de suivre le principe du cercle, puisqu'en effet l'Âme de l'univers possède elle-même un corps sans pourtant être détournée de sa contemplation. La différence, entre celle-ci et l'âme humaine, réside plutôt dans la manière qu'elles ont de se rapporter au corps dont elles ont la charge. Alors que l'Âme de l'univers demeure impassible, indifférente au corps, l'âme humaine pâtit de son rapport avec le corps, se tourne vers lui, et se coupe de son origine. Comment comprendre cette différence ? Faut-il parler d'une chute de l'âme ? D'une faute originelle ?

Plotin distingue au sein de la procession, qui va de l'Un jusqu'à la matière, un moment, à la fois nécessaire et volontaire, où l'âme se détache de l'Âme totale pour s'individualiser : « Les âmes s'éloignent de ce tout que forme l'Âme pour devenir une partie et être leur propre maître. »[130] On peut ainsi dire, même si cela représente une nécessité pour l'ordre du monde en sa totalité, que « le principe du mal est pour elles l'audace, l'engendrement et la première altérité est d'avoir voulu ne dépendre que

129Ennéade IV, 8, 8.
130Ibid.

d'elles-mêmes. »[131] Ce désir d'indépendance engage son inscription dans le monde incertain du devenir. Ce repli sur soi se double d'un oubli : « Manifestement joyeuses de leur indépendance et s'étant fort éloignées d'elles-mêmes, courant à l'opposé et déplacées au plus loin, elles n'ont pas vu qu'elles venaient de Là-bas. »[132] Dans le *Traité 6*, après avoir décrit le mouvement d'appartenance et de repli sur soi de l'âme particulière qui s'émancipe, Plotin en décrit les conséquences : « Devenue une partie, elle s'isole, s'affaiblit, s'affaire, porte ses regards vers la partie, et parce qu'elle est séparée de la totalité, elle se tient juchée sur un élément unique et fuit tout le reste. Arrivée ici et tournée vers cet objet unique, qui est heurté de toute part par l'ensemble des autres choses, elle se tient éloignée de la totalité. »

Néanmoins, si l'âme porte son regard exclusivement vers le corps et s'est détournée de son origine, elle ne s'en est pas véritablement détachée : une partie d'elle-même demeure toujours ancrée dans l'Intellect et même, en sa pointe la plus fine, en l'Un. Par conséquent, le corps n'est pas ce qui *enferme* l'âme, mais plus exactement ce qui la cloisonne à elle-même et brise *son unité*, rendant ainsi impossible une pleine possession de soi. Aussi, est-il nécessaire, selon Plotin, pour que l'âme retrouve son unité qu'elle se détourne du corps et, par là, du « bruit » du monde sensible – c'est ce qu'il appelle « fuir » le corps. « Il nous faut laisser les bruits sensibles, à moins de nécessité, pour garder la puissance de conscience de l'âme pure à entendre les sons qui viennent d'en haut. » On le voit, la « fuite » hors des réalités sensibles ne consiste pas, chez Plotin, en une fuite hors du corps et du monde sensible, mais en un changement d'attention.

131Ennéade V, 1, 1.
132Ibid.

II. L'ASCÈSE PLOTINIENNE : BONDIR VERS L'UN

A. L'EXPÉRIENCE ORIGINELLE : LA SORTIE DE L'ÂME

Si l'âme oublie son origine qu'est le Premier principe, celui-ci pourtant lui demeure présent. « Les âmes sont nécessairement comme « amphibies. »[133] Elles vivent en partie de la vie de là-haut, en partie de la vie d'ici-bas. » Cette certitude de Plotin, qui oriente toute sa pratique philosophique, doit se comprendre à l'aune de certaines expériences extatiques personnelles qu'il relate à ses disciples et qui fondent certainement sa structure métaphysique. Lors de celles-ci, son âme, nous dit Plotin, délaisse son activité ordinaire (son affairement) pour s'établir dans le repos auprès de son principe.

> « Souvent m'éveillant de mon corps à moi-même, devenu alors extérieur à tout le reste et intérieur à moi-même, contemplant alors une beauté merveilleuse [...], étant devenu identique au divin, m'étant fixé en lui, étant parvenu à cette activité suprême [...], quand, après ce repos dans le divin je retombe dans l'Intellect au raisonnement, je me demande comment mon âme a pu jamais venir à l'intérieur d'un corps. »[134]

Plotin nous décrit une sortie hors du corps et du monde qui est en même temps un enfouissement en soi. La progression vers l'intériorité ne constitue donc pas un enfermement, mais une ouverture sur le monde, sur le Tout. « Tu ne dis plus de toi-même : « jusqu'ici, c'est moi », rejetant la « détermination, tu es devenu Tout. » L'expérience plotinienne semble ainsi montrer qu'en se

133Ennéade IV, 8, 6.
134Ennéade V, 8, 1.

libérant du corps, l'âme peut rejoindre, d'une certaine manière, le Premier principe « qui est le centre de toute chose », de retrouver son enracinement et son unité originelle.

Cette expérience plotinienne nous reconduit au cœur de la réflexion de Jung et de Pauli lorsqu'ils s'interrogent sur l'unité de l'homme avec le monde – qui est au principe de la synchronicité. Dans le chapitre « Le troisième degré de la conjonction : l'unus mundus » de *Mysterium conjunctionis, tome II*, Jung compare l'Un à l'*unus mundus* : « L'Un est le simple constituant, ce que Dorn appelle l'*unus mundus*. Ce « monde un » est la « chose simple ». Le troisième et suprême degré [de la conjonction] signifie pour lui l'union de l'homme intégral avec l'*unus mundus*. Par ce dernier terme il entend, comme nous l'avons vu, le monde potentiel du premier jour de la création où rien n'existait encore *in actu*, c'est-à-dire « dans le Deux et la pluralité, mais seulement dans l'Un. »[135] Il s'agit de produire « l'unité avec le monde, non pas avec la réalité multiple que nous voyons, mais avec un monde potentiel qui correspond au fondement de toute existence empirique. »[136] Selon Plotin, le Premier ne cesse de nous être présent, en vertu de son unité et de sa simplicité. Ne pouvant être affecté par l'altérité et la différence, il est « toujours présent » partout et à toutes choses en même temps. Tandis que c'est notre manque d'unité, de simplicité, parce que nous sommes constamment affectés par l'altérité, que nous sommes loin de Lui. Il y a là un paradoxe entre présence et absence de l'unité originelle, à partir duquel se développe l'ascèse plotinienne : puisque l'Un nous est présent, mais que nous

---

135C.G. Jung, *Mysterium conjunctionis, tome 2*, Albin Michel, 1982, p. 338.
136Ibid., p. 337.

nous détournons de Lui, il nous faut alors nous détourner du multiple, du sensible, de l'altérité pour regarder vers Lui, c'est-à-dire en soi. Si cette conversion peut être assimilée à une forme d'introspection, c'est une introspection qui ne peut s'arrêter au moi empirique, « sujet passionné », car il s'agit là encore de la complexion humaine de l'*homme-animal* (où l'homme est sous l'emprise des passions). Le Traité 53 s'ouvre ainsi sur une litanie des passions qui rend compte de notre expérience première : l'expérience du moi empirique – nous nous éprouvons tout d'abord comme un moi-corps –, elle est le donné premier et donc la matière de l'ascèse. Chez Plotin, « pour savoir ce que l'on est vraiment, résume parfaitement Aubry[137], il faut se dégager de ce que l'on n'est pas, mais dont la présence est si prégnante que l'on croit d'abord n'être que cela. »

B. Dissipation et mode essentiel du danser

Nous avons suivi Plotin dans son cheminement intérieur vers son centre intime qu'est aussi le centre de toute chose. Le centre, dont il fait l'expérience, est à la fois le lieu du *moi* véritable et du *nous* authentique, que l'on peut opposer au *moi* ordinaire (empirique) et au *nous* sensible. Dans le *Traité 9*, apparaît la figure du chœur comme point de comparaison permettant à Plotin de présenter le rapport qui unit l'âme à l'Un. L'âme qui se connaît, se souvient Plotin, sait non seulement que le Premier principe, l'Un, lui est toujours présent, mais sait également que son propre mouvement est un mouvement circulaire : sans cesse, l'âme tourne autour de l'Un alors même que le sujet n'en a pas conscience – « nous nous

137G. Aubry, *Plotin- Traité 53* (I,1), Cerf, p. 20.

mouvons toujours autour de Lui. »[138] Se connaître pour l'âme, c'est donc faire l'expérience en pleine conscience de son propre mouvement circulaire. « Nous élevant, écrit Plotin[139], au-dessus de lui par le point de nous-mêmes qui ne siège pas en lui, nous nous attachons par notre propre centre à ce qu'est en quelque sorte le Centre du Tout, comme les centres des grands cercles d'une sphère s'attachent au centre de la sphère englobante, et là nous demeurons en repos. »

Contempler l'Un et agir en coïncidence

Peut-on alors déceler une différence entre le fait de ne pas avoir conscience de ces réalités métaphysiques et le fait d'en avoir conscience ? Autrement dit, quelle est la différence entre tourner son regard vers l'Un et l'oublier en se tournant vers les choses sensibles, puisque de toute façon le Premier principe demeure toujours en l'âme ? « Nous tournons toujours autour de l'Un, même lorsque nous nous en détachons tout à fait et que nous ne le connaissons plus. »[140] Néanmoins, il existe une différence pour Plotin, et c'est une différence qui peut se quantifier, d'une certaine manière. « Nous n'avons pas notre regard toujours fixé sur l'Un ; mais quand nous le contemplons, nous atteignons le but de nos vœux, et nous jouissons du repos ; nous ne sommes plus en désaccord et nous formons véritablement autour de lui un chœur divin. »[141] La différence se montre à travers la capacité qu'ont les âmes de faire totalité, d'agir en coïncidence : la contemplation de l'Un leur permet de coïncider avec elles-mêmes, mais

138Ennéade IV, 8.
139Ennéade IV, 3.
140Ennéade IV, 8.
141Ibid.

aussi de dépasser leurs différences et d'unir leur activité. Et cette unité dans l'activité ne peut être empêchée par le corps : « les corps ne peuvent s'unir entre eux [parce qu'ils ne se laissent pas pénétrer] ; mais ils ne sauraient empêcher les essences incorporelles de s'unir entre elles ; car ce qui les sépare les unes des autres, ce n'est pas une distance locale, c'est leur distinction, leur différence, lorsqu'il n'y a point de différences entre elles, elles sont présentes l'une à l'autre. »[142] Plotin, nous indique ici la possibilité d'un vivre-ensemble effectif qui trouverait son principe dans une relation non causale ou, pour reprendre le terme de Pauli et Jung, selon la synchronicité : d'une part, il y a séparation, distinction, en vertu des corps, d'autre part, il y a unité et coïncidence en vertu de l'unité des âmes (à condition qu'elles contemplent leur principe commun). Il prend pour s'expliquer le modèle d'une chorale : « Nous ressemblons à un chœur de chanteurs qui entoureraient toujours le coryphée, mais qui ne chanteraient pas en mesure parce qu'ils détourneraient de lui leur attention en le portant sur quelque objet extérieur, tandis que, s'ils se tournaient vers le coryphée, ils chanteraient bien et ils seraient véritablement avec lui. »[143] Nous pouvons constituer un choeur de deux façons, soit en nous tournant vers l'extérieur, en nous dissipant charnellement, soit en vertu du centre que nous avons en commun. Nous retrouvons donc ici deux formes d'unité : par interactions sensibles et fusion, par « dissipation charnelle » (à l'exemple du Contact Improvisation) ; et par un principe de conjonction, c'est-à-dire selon un lien essentiel qui repose sur la coïncidence du sujet avec lui-même et prend pour principe son autonomie.

142Ibid.
143Ibid.

C. Danse plotinienne et danse moderne

Chez Plotin, avoir accès à la vérité exige tout d'abord d'accéder à soi-même, à ce que l'on est réellement. Le sujet doit passer du moi subjectif et hétéronormé à cette partie qu'il est, mais qui n'est pas de lui-même, à cette partie qui le fonde et qui s'impose à lui. Ce retour sur soi, pour parvenir à ce que l'on est, est très exactement le mouvement inverse de la recherche d'une unité avec soi-même et avec le monde qui procéderait d'un laisser-aller sensitif, comme on a pu le décrire à travers certaines pratiques de la danse contemporaine, à l'instar du butō et du Contact Improvisation. Chez Plotin comme dans ces danses, il s'agit bien de la recherche de l'origine, de la recherche du Soi, de ce qui est au fondement du sujet – en deçà du raisonnement discursif. Dans les deux cas, il s'agit de parvenir à un collectif authentique pour refonder le vivre-ensemble. La cité idéale de Plotin correspond en effet à l'image d'un chœur dansant, chœur idéal qui trouverait son organisation en vertu du lien de sympathie dont la temporalité n'est pas celle de la succession, de la distinction de l'avant et de l'après. « La raison de l'univers, écrit Plotin, ressemblerait [...] à la loi qui sait d'avance ce que les citoyens veulent faire et pourquoi ils vont le faire [...] de telle sorte que tout ce qui anime la cité se produit comme dans un chœur *de manière spontanée et dans un accord parfait.* »[144] Chez Plotin, c'est le rapport immédiat que les âmes entretiennent entre elles, par le fait qu'elles procèdent en deçà de leur différence d'un principe unique, qui doit permettre l'organisation spontanée de la cité. Cette unité fondamentale est l'*Amitié*.

144Ennéade IV, 4, 39.

« L'Amitié véritable est l'unité de toutes les choses en l'absence de toutes distinctions. »[145] Il distingue deux formes d'amitié, l'Amitié authentique et la semblance d'amitié. Cette dernière est celle qui relie les choses séparées, alors que l'Amitié véritable relie ce qui est séparé en apparence seulement – c'est celle des intelligibles : « Mais cette division est précisément celle qu'on a appelée l'Amitié dans le Tout, non pas l'amitié qui se trouve dans le tout d'ici-bas, car cette amitié d'ici-bas imite seulement la première, étant une amitié entre les choses qui sont séparées les unes des autres. Mais l'Amitié vraie, c'est que la totalité soit un et ne se sépare plus jamais. Car la séparation, a-t-on dit, ne commence que dans le ciel d'ici-bas. »[146] L'amitié inauthentique repose sur des rapports extérieurs et constitue donc une sorte *de reflet inversé* de l'Amitié authentique. Si une telle cité – où toute chose s'organise spontanément et qui repose sur une Amitié authentique – peut exister, elle ne peut être le fait que de l'« homme véritable » dont la complexion est unie, et non celui de l'« homme-animal » se dissipant charnellement[147]. Si ce rapport caractérise tout d'abord l'évolution des corps célestes, il s'établit sans aucun doute avec plus de

145Ennéade VI, 7, 15.

146Pierre Hadot, *Traité 38*, p. 125.

147L'« homme-animal » se caractérise en effet par le souci et le soin qu'il a pour son corps. Celui-ci l'accapare complètement ; tandis que chez l'« homme véritable » (ou « homme-dieu ») au contraire, l'âme est à la fois oublieuse du corps et unie à lui. L'écoute du corps implique proprement une distance. C'est ainsi que chez Plotin, le fait de se préoccuper du corps l'éconduit loin de l'âme dont il emporte une partie. Et c'est, au contraire, en *oubliant* le corps que l'âme coïncide avec lui. *Fuir* le corps signifie donc être avec lui selon un rapport de proximité sans que cela soit de la sollicitude. En se tenant en elle-même, l'âme peut permettre au corps d'« être ce qu'il est » ; *laisser être* et *faire dépendre* sont les deux aspects du gouvernement de l'âme sur le corps lorsqu'elle est capable de l'oublier pour contempler son principe.

difficultés pour les corps humains puisque ceux-ci se constituent des quatre éléments. Néanmoins, parmi ces éléments, il y a le feu, c'est-à-dire cette partie corporelle qui est prompte à suivre le Premier. Aussi, peut-on dire, en adoptant la perspective de Plotin, que lorsque le danseur moderne s'immerge complètement dans la sensation jusqu'à réduire son activité à une spontanéité hétéronome, il *ampute* le corps de l'une de ses dimensions, de sa dimension centrale, et se rend alors incapable de comprendre les fondements corporels de la cité.

Partie IV

Le corps originel chez Morihei Ueshiba

En face de la spontanéité hétéronome du butō et du Contact Improvisation, conduisant à la disparition du sujet par fusion avec son milieu, nous avons opposé la spontanéité autonome qui est celle à l'œuvre dans le tracé du mandala, reposant sur la contemplation du plan central. L'opposition entre ces deux formes de spontanéité se retrouve en fait de longue date dans l'histoire de la pensée extrême-orientale, dans le bouddhisme et dans le taoïsme. On la trouve développée notamment chez Lu Tsou et chez Ueshiba Morihei. Dans cette partie, nous nous proposons de suivre Ueshiba dans sa quête d'un corps originel dont la spontanéité « authentique » fait du geste l'expression adéquate de l'Origine première, l'Un. Comme on va le voir, chez Ueshiba la spontanéité se caractérise comme un processus d'extériorisation qui fait « remonter à la surface », c'est-à-dire qui rend visible, les contenus de l'âme spirituelle cachés dans la « caverne ». En remontant, ces contenus modifient le corps et le monde physique – processus de métamorphose, voire de transmutation (puisqu'Ueshiba évoque « un corps transmuté en or ») dans la lignée de Lu Tsou. Le corps originel, que nous tentons d'approcher, est cette part du corps capable d'exprimer l'Origine unique qui se situe par delà la dualité du physique et du psychique.

Depuis le décès d'Ueshiba Morihei, en 1969, les récits et les commentaires qu'il fait de ces expériences, qu'il plaçait au cœur de son art, ont été délaissés, par la très grande majorité des pratiquants, l'aikidō se développant dans le monde entier, comme art de combat. La psychologie de l'inconscient, de Jung et de Pauli, nous donne les clés pour les aborder d'une manière rationnelle.

I. Le retournement du regard

A. La spontanéité dans le taoïsme

En japonais, « spontanéité »[148] se dit « shizen » 自然. Andō Shōeki[149] souligne que shizen est généralement considéré comme une notion insondable : « Pour parler de shizen, les Anciens définissaient ainsi ce mot : " inconcevable et insondable, mais c'est cela qui advient. " [...] Ainsi, depuis les sages de la Chine et de l'Inde, et ce pendant les milliers d'années, qui se sont succédé jusqu'à nos jours, tous ont fait de shizen la plus mystérieuse des choses et il ne s'est rencontré aucun livre ni aucun homme qui ait révélé ce qu'est shizen. »[150] En effet, les taoïstes ont fait de shizen le plus haut des mystères en le désignant comme le principe même du Tao. Lao Tseu dans son *Tao Te King* [Le Livre de la voie et de la vertu] fait ainsi procéder toutes choses de shizen : « L'homme se règle sur la Terre, la Terre se règle sur le Ciel, le Ciel sur le Tao, et le Tao se règle sur shizen. » Toutefois, s'il est insondable, étant à l'origine de toutes choses, il peut exceptionnellement se donner à voir à travers le comportement de l'être humain, comme l'affirme Andō Shōeki pour en avoir fait lui-même le constat. « Je crois bien qu'une fois cela m'est arrivé, lorsque j'ai rencontré

148Shizen peut également être traduit par « nature ». Toutefois, c'est une signification tardive – qui date de l'époque Meïji (1868-1912), tandis que le sens de « spontanéité » lui est conféré de longue date par les taoïstes chinois.

149Andō Shōeki (1703-1762), maître confucéen de l'époque des Tokugawa, auteur du *Grand Traité du shzenshin'eidō.*

150Andō Shōeki cité par Jacques Joly, *Le naturel selon Andō Shōeki,* Maisonneuve et Larose, 1996, p. 63.

mon maître[151] : " ha, voilà bien ce qu'est shizen ! "[152], me suis-je exclamé. » Si donc shizen, qui est à l'origine de tous les phénomènes, se tient ordinairement derrière eux, il peut aussi se rendre évident, se donner tel quel à travers un type de comportement, une certaine façon d'être soi-même.

Quelles sont alors les traces de shizen ? Autrement dit, qu'est-ce qui diffère entre le comportement qui voile shizen – ce qui est ordinaire –, et celui – tout à fait exceptionnel – qui conduit shizen à la visibilité ? Selon Andō Shōeki, Shizen répond lui-même par la bouche de son maître : « shizen, cela veut justement dire ce que veulent dire eux-mêmes les deux caractères qui le composent : ce qui se fait tout seul. »[153] Shizen est en effet composé de deux kanjis 自然. Le premier caractère 自 a plusieurs sens : tout d'abord, « ce qui a sa source dans le sujet », mais aussi « ce qui ne dépend pas de l'homme » ; ensuite « ce qui est tel quel dès l'origine dans les phénomènes ». Le deuxième caractère 然 signifie « être ainsi », « être tel », « agir ainsi ». Les deux caractères peuvent donc être lus littéralement comme « tel que cela est par soi-même » ou encore « tel que cela est tout seul,

151L'on peut ici se souvenir que dans la culture japonaise la figure du maître est associée à la notion de spontanéité. Augustin Berque souligne, dans son ouvrage *Vivre l'espace au Japon*, que plus l'adresse à l'interlocuteur se veut marquée de respect, plus on emploiera à son endroit une forme passive, de manière à ne pas lui attribuer l'origine de « ses » actes. Ainsi, « d'une personne qu'on ne cherche pas à honorer, l'on dira simplement *kuru* 来る (venir), à l'actif [...] à un degré honorifique supérieur on n'emploiera pas le verbe venir (*kuru* 来る/*korareru* 来られる), on dira s*ensei ga oide ni naru* 先生がお出でになる, ce qui mot à mot se traduirait par « le maître devient un surgir ». L'ordre du surgissement est ainsi considéré comme un degré supérieur à celui du faire et de la causalité.

152Ibid.

153J. Joly, *Le naturel selon Andō Shōeki,* Maisonneuve et Larose, 1996, p. 64.

sans aucune intervention extérieure ». Ce caractère signifie aussi ce qui procède de soi, ce qui est au principe d'apparition des êtres, « seuls, autonomes, ne dépendant pas d'autres choses que d'eux-mêmes, conçu comme vierge de toute influence ou *intervention extérieure.* »[154] Shizen se reconnaît donc dans le comportement qui ne trouve pas son origine dans le plan extérieur (a-causal). L'étymologie de shizen nous ramène ainsi au cœur de notre problématique. Shizen semble désigner une action qui échappe à la fois à l'emprise du sujet et à l'enchaînement des causes et des effets. C'est ainsi que les taoïstes, à l'exemple de Lao Tseu, recherchent un comportement qui s'enracine dans l'origine transcendante du monde – le Tao et, avant lui, shizen – où rien n'est encore différencié. Cependant, il faut noter que cette conception de shizen n'a pas été la seule dans l'histoire du taoïsme. De manière comparable à la danse moderne, particulièrement au butō et au Contact Improvisation, la spontanéité a également été comprise au sens d'un laisser-aller sensitif et réactif – à l'inverse de la pratique ascétique du taoïsme originel. Isabelle Robinet, dans son *Histoire du taoïsme*, cite ainsi Yang Zhu, personnage apparaissant dans le traité de Liezi du IIIe siècle : « En vain, on met en veilleuse les sens de l'ouïe et de la vue, par des considérations sur le bien-fondé ou non des instincts du corps. Ainsi, on gâche inutilement la suprême jouissance du présent, pas une heure où l'on soit maître de l'instant. Où est la différence entre cette vie et celle d'un forçat qui est dans les chaînes ? Les hommes de la haute antiquité [...] ne résistaient pas aux penchants naturels. Ce qui flattait le corps dans l'instant, ils ne le laissaient pas échapper. »[155] Une telle appréhension de la

154Ibid., p. 95.
155Yang Zhu cité par Jacques Joly, *Le naturel selon Andō Shōeki,* Maisonneuve et Larose, 1996, p. 120.

spontanéité est dénoncée par Isabelle Robinet comme étant proprement un « dévoiement de la spontanéité »[156]. Chez Yang Zhu, la spontanéité est donc confondue avec un « laisser-aller » au point où s'opère un renversement de la pratique : l'ascèse taoïste disparaît pour être remplacée par le plaisir d'une satisfaction immédiate. « La tentation, écrit Jacques Joly, était trop pressante d'assimiler directement le spontané le plus immédiat à shizen et, brûlant alors toutes les étapes initiatiques, de prôner le laisser-aller intégral [ziyouzizaijiyûzai] ou le pur assouvissement de ses instincts tels qu'ils se présentent, comme mode d'accès à l'état de shizen. Nous avons bien sûr affaire ici à un " spontanéisme ", c'est-à-dire au dévoiement de la notion de spontanéité. »[157]

Les deux conceptions de la spontanéité [shizen] que relèvent Joly et Robinet se retrouvent donc dans l'opposition entre la spontanéité autonome (du mandala) que Jung et Pauli s'efforcent de cerner et qui exige une ascèse, et la spontanéité hétéronome qui caractérise les pratiques de Paxton et du butō, relevant d'un laisser-aller sensitif.

B. « Regarder en arrière » de Lu Tsou à Ueshiba

De la même façon que le taoïsme originel prône un cheminement vers l'Origine première pour atteindre la spontanéité authentique, le fondateur de l'aikidō recommande de « s'unir à la spontanéité » [合自然]. En effet, chez lui aussi, l'apparition du Grand Vide universel, qui est à l'origine de l'univers manifesté, procède de

156I. Robinet, *Philosophie taoïste*, Cerf, 2012, p. 536.
157J. Joly, *Le naturel selon Andō Shōeki*, Maisonneuve et Larose, 1996, p. 118.

shizen : « il n'y avait ni ciel, ni terre, ni univers. Il n'y avait rien. Puis, est advenu le sublime du néant ; le Grand Vide universel est apparu. Le Grand Vide universel a jailli *spontanément* [shizen ni]. »[158] Sa pratique, qui progresse de l'art martial (l'aikidō) jusqu'à la danse Kagura Mai, peut être ainsi décrite comme la recherche d'un geste spontané qui transcende toute forme de dualité parce qu'il s'enracine dans l'Origine première, racine unique des dix mille choses. Le geste individuel authentique suit le chemin de la création, depuis l'Un jusqu'à la multiplicité. Les mythes de la cosmogonie shintō représentent selon lui des étapes de l'agir personnel. Si ces étapes sont ordinairement inaperçues, c'est qu'elles sont antérieures à l'apparition de la conscience et du moi. Les percevoir, pour se les réapproprier, exige une méthode ascétique qu'il qualifie de « retournement du regard » – *mikaeru* 見返る, littéralement « regarder en arrière » –, méthode tout à fait similaire à la « méthode rétrograde » de Lu Tsou que celui-ci décrit comme un mouvement circulaire. « Les adeptes, écrit Wei Poo-Yang, ont appris aux gens à se tenir à l'originel et à conserver l'Un ; c'est la révolution de la lumière et la garde du centre. »[159]

Cette méthode pour accéder à une spontanéité authentique (autonome), chez Ueshiba comme chez Lu Tsou, comporte plusieurs étapes. La première consiste à fermer la « porte des sens ».[160] « Chaque jour, je m'entraîne à me détacher des choses », déclare Ueshiba, en

158M. Ueshiba, *Takemusu Aiki*, Vol. 3, Cénacle, 2011, p. 86.

159Cité par Lu Tsou, *Le secret de la Fleur d'or*, Librairie de Médicis, 1969, p. 46.

160Comme chez Lu Tsou, « pour que l'opération réussisse il est indispensable que tous les orifices de l'appareil soient obstrués » et l'« issue soigneusement bloquée ». L'adepte précise que «les trois précieuses choses, l'oreille, l'œil et la bouche [...] doivent être fermées pour arrêter la communication ». Ibid.

donnant pour consigne : « il ne faut pas regarder ». Pour lui, comme pour l'alchimiste chinois, les objets de la sensibilité déportent l'individu hors de lui-même. « La conséquence, écrit Lu Tsou, en est que le cœur (la conscience), passant sous la dépendance des choses, est dirigé vers l'extérieur et se trouve ballotté par le courant. Mais si la lumière en révolution luit vers l'intérieur, elle ne passe plus sous la dépendance des choses. »[161] Ce détachement des choses est donc la première étape d'une ascèse qui comporte essentiellement deux phases : une phase ascendante de simplification, lors de laquelle l'adepte progresse vers l'Un, vers un centre personnel et universel, et une phase descendante qui va de l'Origine première vers le monde multiple, vers les « dix mille choses ». Si la première étape permet de se défaire de la spontanéité sensible et réactive (hétéronome), la seconde se caractérise par l'expérience d'une spontanéité (autonome) qu'Ueshiba qualifie de « jaillissement ». Chez les deux ascètes, que séparent douze siècles, ce jaillissement a pour vertu de « faire remonter à la surface » (au sein du monde phénoménal) des éléments contenus ordinairement « en dessous », dans l'arrière-monde de l'âme spirituelle [kon, 魂], appelée aussi « âme commune ». Cette remontée produit des « images magiques ». Il s'agit d'archétypes qui « prennent formes et couleurs » en venant s'insérer dans le monde perçu. Ainsi, la pratique de la spontanéité autonome se présente, chez Ueshiba, non seulement comme un agir libéré des influences extérieures, mais aussi comme une méthode d'extériorisation qui doit permettre renouvellement du monde phénoménal.

161Lu Tsou, *Le secret de la Fleur d'or*, Librairie de Médicis, 1969, p. 105.

C. Spontanéité et transe chez Ueshiba

Le principe ascétique de retournement du regard se développe sous différentes formes. Il donne lieu notamment à une pratique de mise en transe appelée chinkon kishin no hō[162], 鎮魂帰神の法, « méthode d'apaisement de l'âme et de retour au divin » qu'Ueshiba avait apprise auprès du Révérend de l'Ōmoto-Kyō [大本, Grande Origine], Onisaburo Deguchi. L'Ōmoto, créée par Nao et Onisaburo Deguchi, fait partie des « religions nouvellement surgies » [shinkō shūkyō 新興宗教], mouvements syncrétiques et millénaristes qui se développent en face des grandes religions instituées, à partir du milieu du XIXe siècle. Ils se caractérisent par leur expérience du kamigakari et par leurs appels à une rénovation spirituelle de la société. L'Ōmoto-Kyō est l'une des plus importantes d'entre elles. Onisaburo[163] était connu à travers tout le Japon pour sa pratique du chinkon kishin. Le thème du renouvellement du monde est donc lié chez Ueshiba, comme il l'était à l'Ōmoto, à une pratique des états de transes et aux phénomènes d'extériorisation les accompagnant. Comme on va le voir, la compréhension du processus d'extériorisation, de sa part objective et subjective, donne un éclairage fondamental sur la nature

162Cette méthode comporte notamment un moment appelé tama-furi 魂振り, « remuement de l'âme », consistant à s'attacher les forces vitales [tama]. Lors du tama-furi, Ueshiba psalmodiait successivement les noms d'Amaterasu-ō-mi-kami 天照大御神 (déesse du soleil), d'ōharaido 大祓戸 (kami de la purification) et d'Ame-no-mi-naka-nushi-no-kami 天之御中主神 (kami de l'Auguste Centre du Ciel). La méthode employée par Ueshiba détermine ainsi un ensemble d'éléments qui pourront « monter à la surface », en orientant les fonctions psychophysiques.

163Onisaburo Deguchi était également connu en tant qu'artiste, notamment pour ses céramiques. Le musée Guimet lui a consacré une exposition.

de ces mouvements millénaristes. On manque, en effet, complètement le ressort de ces mouvements spirituels et communautaires, si on ne prend pas en compte la manière dont le corps est effectivement impliqué lors de ces transes qui modifient la relation que l'individu entretient avec lui-même, avec autrui et avec le monde alentour.

Si les transes sont toujours relativement semblables dans leurs formes (dans les modifications du rapport à soi qu'elles installent, leurs phases et leurs effets psychophysiques associés), leurs contenus dépendent des archétypes activés, et de leurs « habits » culturels. Dans l'univers culturel qui est le sien (shintō-bouddhique), Ueshiba vit ces états de transes comme des « kamigakari » [litt. accroché par un kami], c'est-à-dire des possessions par un kami. Néanmoins, le kami est pour lui, à la fois un autre aspect de lui-même et une entité indépendante. Ainsi, l'expérience de kamigakari signifie-t-elle que l'individu peut devenir, pendant un certain temps, plus ou moins que lui-même, en fonction du genre du kami incarné – selon qu'il s'agit d'un kami de la nature (régression de l'âme), tels les renards, ou d'un kami du plan céleste (assomption de l'âme), telles Amaterasu (la déesse solaire) et Ame-no-mi-naka-nushi (la divinité du Centre, première divinité de la cosmogonie shintō, selon le *Kojiki*).

Certaines expériences de kamigakari revêtent une importance particulière lorsque le kami qui se présente s'adresse au médium pour lui conférer une « mission », mission qui va orienter toute sa vie s'il l'accepte, comme ce fut le cas pour Ueshiba au moment de créer l'aikidō (puis le Kagura Mai). D'une certaine manière, l'acceptation d'Ueshiba représente un pacte qu'il passe avec une autre part de lui-même plus haute, de sorte que la spontanéité autonome et impersonnelle, qui a été à l'œuvre le temps du kamigakari, laps de temps relativement court, devient finalement le principe qui va gouverner toute son existence. Par ce pacte, le moi (qui est l'instance psychique persistant dans le temps) se hisse au-delà de lui-même en s'appropriant les finalités (et donc la temporalité) de cette autre part qui lui était jusqu'alors étrangère – processus d'« individuation », pour employer la terminologie de Jung. Il faut remarquer que le kami principal qu'Ueshiba entend incarner est la divinité du Centre, Ame-no-mi-naka-nushi-no-kami. Or cette divinité doit être considérée comme une figure de l'archétype du Soi : elle personnifie, en effet, une spontanéité autonome, créatrice et ordonnatrice : elle tire son origine du néant (la première divinité de la cosmogonie shintō est « apparue spontanément depuis le Grand Vide universel »), et produit le monde manifesté en une « sphère parfaitement sphérique ». L'on comprend alors que l'état de possession que recherche Ueshiba est en réalité une appropriation de sa propre origine, autrement dit, ce qui peut paraître paradoxal, une manière d'être autonome, de s'appartenir.

Comme on le voit, pour aborder les explications d'Ueshiba sur son art, et notamment les transes et les extériorisations qu'il décrit, la théorie de Jung, d'un inconscient collectif peuplé d'instances psychiques autonomes, nous est d'un grand secours. Jung note l'importance de ces phénomènes d'extériorisation dans le yoga chinois, citant le *Houei Ming King* : « Chaque pensée séparée acquiert une forme et devient visible en couleur et en forme. » « Ce sont à n'en pas douter, commente le psychologue, des contenus psychiques expérimentaux d'une autonomie également incontestable, car ils constituent des systèmes psychiques partiels qui, ou bien apparaissent spontanément dans les états extatiques, en provoquant des impressions et des effets puissants dans certaines circonstances. »[164] Ces extériorisations sont le plus souvent qualifiées d'« hallucinations » dans la littérature psychologique, c'est-à-dire comprises comme étant subjectives et irréelles ; toutefois, à travers notre étude nous entendons poser la question de leur part d'objectivité, comme le fait Jung lorsqu'il comprend ces phénomènes comme des extériorisations d'*objets* de la psyché (au sens de Pauli et de Jung). De plus, dans le cadre de ces pratiques ascétiques, de Lu Tsou ou d'Ueshiba en l'occurrence, ces extériorisations sont liées, comme on l'a dit, à une pratique de la spontanéité et sont répertoriées comme des signes de « confirmation ». A propos de ces phénomènes, Edmond Gobbot note qu'une telle perception « est aussi précise, aussi réelle que les perceptions vraies environnantes. » « La main [du personnage « perçu »] qui reposait sur le bras du fauteuil était aussi nette, aussi définie en tous ses détails que le fauteuil lui-même. » Ranzolli remarque que certaines « hallucinations » concernent, non seulement la vue, mais également les sensations extérieures (extéroceptives) et intérieures liées à la motricité (intéroceptives)[165]. Comme on va le voir, chez Ueshiba ces extériorisations impliquent tous les sens. Ces phénomènes sont encadrés chez lui, comme dans le yoga traditionnel, par une méthode stricte qui permet au pratiquant de juger de leur part objective et subjective, et de se les approprier dans l'action dans un entraînement collectif.

164C.G. Jung, *Commentaire sur le Mystère de la Fleur d'Or*, Albin Michel, p. 50.
165André Lallande prend comme exemple le cas d'une femme qui « voyait » un personnage « qui la repoussait de la main . »

II. Mythologie et spontanéité

A. Les deux âmes de la complexion humaine

Étymologiquement, aikidō [合気道] se compose de trois idéogrammes : la voie [道, dō], l'harmonie [合, ai], et le ki [気]. L'on peut ainsi traduire ce terme par « la voie de l'harmonie avec l'énergie[166] ». Pour présenter la pratique d'Ueshiba, il nous faut décrire précisément ce qui caractérise les deux âmes, instances principales de la complexion humaine selon lui, l'âme corporelle [魄, jp. haku, ch. pô] et l'âme spirituelle [魂, jp. kon, ch. houen], puis leurs relations.

Pour Ueshiba, comme pour Lu Tsou, l'âme *haku* est l'âme sensitive qui réagit à son environnement. Elle se rapporte au monde à travers les six sens (les cinq sens plus la conscience). Soumise au temps, elle est mortelle. A l'inverse, l'âme *kon* est l'âme universelle, immortelle, elle se rapporte au monde, non à travers les sens, mais via l'Origine première. L'âme *houen,* écrit Jung, est « une âme du principe supérieur, dépendante du principe *yang* et par conséquent masculine », alors que l'âme *pô* est « l'âme corporelle inférieure, chthonienne, relevant du principe *yin* et donc féminine »[167]. Le « retournement du regard », passage de la spontanéité hétéronome à la spontanéité

166Le ki est une notion importante chez Ueshiba que nous ne pouvons pas développer dans le cadre de cette étude. Disons simplement que le ki chez Ueshiba ne peut se confondre avec le ki tel qu'il est présenté dans le butō ou dans la danse Contact par Paxton : chez Ueshiba le ki est une énergie individuelle et universelle qui jaillit depuis le Centre, et qui, bien qu'elle soit présente en toutes choses, ne se divise pas. Notion assez proche du concept de Volonté chez Schopenhauer.

167C.G. Jung, *Commentaire sur le Mystère de la Fleur d'or*, Albin Michel.

autonome, correspond à un renversement de hiérarchie entre les deux âmes : l'âme spirituelle doit diriger l'âme corporelle, autrement dit elle être le principe d'animation du corps de chair [nikutai] – l'agir corporel s'enracine alors dans le centre universel, selon une spontanéité autonome.

A 1. De la mythologie à la dialectique intérieure.

Ueshiba, de la même manière que Lu Tsou, fait ainsi procéder son art de la dialectique de ces deux âmes. Celle-ci engage une métamorphose progressive du sujet, jusqu'au moment où, s'enracinant dans le Centre, il devient capable de s'appartenir, d'être autonome, revêtant alors la figure du *roi.* A la transformation intérieure correspond donc une transformation du corps, mais aussi du monde. Pour le fondateur de l'aikidō, le monde intérieur et le monde extérieur se reflètent mutuellement.

Il interprète la dialectique des deux âmes principalement à travers les épisodes de la mythologie shintō qui concernent la pacification du plan terrestre. Il voit dans la confrontation des deux âmes une actualisation au sein du monde intérieur de l'affrontement des kami terrestres [國神, kunitsu kami] et des kami célestes [天神, amatsu kami]. Cet affrontement donne lieu à un ensemble de mythes qui commence dans le *Kojiki* par l'épisode lors duquel un kami céleste, Ame-no-oshi-ho-mimi-no-mikoto, debout sur le « pont flottant du ciel » fait le constat que la Plaine aux roseaux luxuriants [葦原中国] (le plan terrestre) est un monde chaotique où règne la violence[168]. Ueshiba intériorise le mythe : si le plan terrestre est en proie à la violence, c'est que l'âme corporelle, refusant de se

168Selon ces mythes, les violences et le désordre du plan terrestre s'expliquent par les agissements néfastes des kami terrestres qui refusent de se soumettre aux kami célestes.

soumettre à l'âme spirituelle, entend gouverner (sans y parvenir en raison de sa nature) de sa seule initiative le corps et le monde matériel dans son ensemble. En 1940, il fait l'expérience d'un kamigakari qui actualise, pour lui, ce mythe.

La mission initiale[169]

> « Vers deux heures, le matin du 14 décembre de Showa 15 [1940], il m'avait soudainement semblé que commençait le Grand-oeuvre de l'activité de ma propre divinité tutélaire. En fait, l'antique divinité était descendue [en moi]. Il me dit « je me suis introduit dans tes veines, Ueshiba ». Puis : « par l'action des grandes divinités de la double origine de l'Action de la grande divinité parente de l'origine unique du début du monde [...] effectue la purification de ce monde. »

Ueshiba fait ici le récit de son kamigakari conformément à sa tradition selon laquelle le dragon est un animal qui symbolise la montée au ciel de l'adepte. Dans le bouddhisme particulièrement, le dragon a été adopté comme propagateur de la doctrine. Le récit d'Ueshiba montre ainsi clairement que son kamigakari est le moment initial d'un processus d'accomplissement qui s'effectue à travers la réalisation d'une mission utopique qui, en elle-même, dépasse de très loin les forces de l'individu – pacifier le monde en devenant Izunome.

A2. Les étapes de la dialectique intérieure

Réitérant, comme on l'a dit, la constatation initiale faite par les kami célestes de l'indépendance des kami terrestres, Ueshiba constate que l'âme corporelle s'est

169M. Ueshiba, *Takemusu Aiki, Volume 1*, Cénacle, 2006, p. 67.

rendue indépendante de l'âme spirituelle, et affirme, par conséquent, la nécessité d'opérer un renversement intime afin que l'âme spirituelle retrouve son hégémonie perdue. La même dialectique intérieure se retrouve chez Lu Tsou. « Dans le cours de l'homme ordinaire, commente Jung, que le texte désigne par l'expression « cours direct », l'âme inférieure assujettit l'âme supérieure à sa domination et incline l'être à un mouvement descendant dirigé vers l'extérieur. [...] Mais le but de l'homme doit être de parvenir à inverser cette tendance et de déterminer un mouvement « rétrograde» »[170]. Cette confrontation intime entre les deux âmes comporte trois étapes. Premièrement l'étape du constat : l'âme corporelle domine l'âme spirituelle – état ordinaire de la complexion humaine selon Ueshiba ; la deuxième étape est celle où l'âme spirituelle vainc et domine l'âme corporelle ; la troisième étape est celle où les deux âmes sont considérées comme égales, indispensables l'une à l'autre. Néanmoins, lors de cette dernière étape, si les deux âmes sont considérées comme égales, agissant ensemble, c'est, malgré tout, l'âme spirituelle qui gouverne. Cette étape est celle du dévoilement du corps originel.

B. De la dialectique des deux âmes à la pratique

B1. L'expérience fondatrice

Dans le texte de Morihei Ueshiba, « Ma méthode de sabre », Ueshiba expose la finalité et les principes de son art. Il y relate le duel entre ses deux âmes, *haku* et *kon*. Lors de cette expérience, l'affrontement intime

170C.G. Jung, *Commentaire sur le Mystère de la Fleur d'Or*, Albin Michel.

s'extériorise, de sorte que les deux âmes y apparaissent clairement, avec leurs caractéristiques, et notamment leur mode d'activité. Il faut garder à l'esprit ici que, pour Ueshiba, le monde intérieur et le monde extérieur sont *à la fois* distincts et identiques, et que, par conséquent, les contenus du monde intérieur possèdent une dimension objective et une dimension subjective, ou encore que l'esprit et le corps sont à la fois deux et non deux. On le voit, pour aborder le discours d'Ueshiba, pour adopter un temps son point de vue, il faut nous défaire de notre propre paradigme culturel – qui tient pour nettement distinctes la sphère physique et la sphère psychique. L'ensemble du récit d'Ueshiba nous plonge dans un domaine mi-physique et mi-psychique, mi-intérieur et mi-extérieur (fondé sur la théorie du Shingon).

Ma méthode de sabre

« Vers une heure ou deux heures du matin, je suis descendu dans le jardin. Je me tenais debout là avec un sabre, lorsque de façon mystérieuse, un fantôme blanc (en réalité un autre moi-même) est apparu soudainement. Cet être blanc me faisait face avec un sabre. Et c’est ainsi que commença l’ascèse avec le sabre. A l’instant où je m’apprêtais à le frapper, il entrait rapidement. En un éclair, son sabre pénétrait jusqu’à mon ventre ou ma poitrine. Je n’étais pas capable de relâcher mon attention, ne serait-ce qu’un peu. Au début, mon action était lente. Mais à force de pratique, à l’instant où le partenaire fantôme entrait, je le défaisais de son sabre en bois d’une coupe vers le bas. Et à ce moment-là, le partenaire blanc disparaissait. [...] Lorsque de nouveau après quelques jours je me tenais là, il n’y avait plus ni sabre ni moi-même, ni nuages de lumière. J’avais l’impression de subsister dans l’ensemble de l’univers. A ce moment-là, il n'y avait pas non plus de ki de lumière blanche. L'univers, jusque dans ses extrémités, était régi par ma propre respiration. »[171]

Dans ce récit, Morihei Ueshiba expose de quelle manière et selon quels principes doit se réaliser la finalité dernière de son art, fonder « la famille mondiale » [世界家族]. Cette réalisation finale, moment d'unité suprême à la fois sur le plan individuel et sur le plan collectif, commence tout d'abord par une lutte contre le corps. Et c'est en vertu même de cette division première que le sujet va pouvoir finalement coïncider avec lui-même et, par conséquent, avec le monde – la pacification du monde et le parachèvement de soi relèvent d'un même mouvement.

L'ouverture du récit se fait avec l'apparition du « fantôme blanc ». Le terme yūtai [幽体], que nous rendons ici par « fantôme », désigne le corps éthéré qui se dégage, selon la croyance populaire, lors des expériences de décorporation. Soulignons que l'expression « fantôme blanc » se trouve chez Lu Tsou. Elle y désigne l'âme *pō*, l'âme corporelle, mortelle, tandis que l'âme *houen,* l'âme céleste « reçue du Grand Vide », est rendue par la « figure de lumière » [光の姿, hikari no sugata]. L'on découvre ainsi au fil du texte, la nature et l'enjeu de l'affrontement : il s'agit du conflit « extériorisé » des deux instances principales de la complexion humaine (selon le système ontologique d'Ueshiba). L'ascèse a permis à Ueshiba d'atteindre le stade de la division et donc d'engager une nouvelle étape ascétique, celle de l'affrontement, en pleine conscience. L'enjeu en est refonder et de remodeler la complexion en donnant l'hégémonie à l'âme spirituelle.

171M. Ueshiba, *Takemusu Aiki,* Cénacle, 2006.

La confrontation est, au début du récit, assez ambiguë – puisque, en face du fantôme blanc, Ueshiba lui-même possède un corps : le fantôme blanc, en effet, le touche de son sabre, au niveau du ventre [腹] ou de la poitrine [胸先], c'est-à-dire au niveau des deux centres[172]. L'expérience doit se comprendre au regard de la nature paradoxale du corps dans la doctrine du bouddhisme Shingon. Le corps est tout d'abord, ce qu'il convient de dépasser, ensuite le moyen de ce dépassement, et finalement l'expression de ce dépassement.

Le combat commence donc par la domination de l'âme corporelle, non pas véritablement sur l'âme spirituelle, car celle-ci n'est pas encore dégagée, mais sur Ueshiba lui-même. Et cette domination se traduit, pour Ueshiba, par une incapacité à relâcher son attention qui le porte par-delà lui-même, c'est-à-dire le décentre : « j'étais incapable de relâcher mon attention, ne serait-ce qu'un peu. » L'on retrouve ici l'une des thématiques principales de son enseignement : lorsque l'âme corporelle domine le sujet, celui-ci n'est pas présent à lui-même, il suit nécessairement « le cours des choses [もの] », entièrement hétérodéterminé.

Au deuxième stade de la rencontre, l'âme corporelle perd sa domination : elle est désarmée tout d'abord par une *action.* « Je le défaisais de son sabre en bois d'une coupe vers le bas. » Puis, elle est défaite, d'un simple *regard.* L'âme corporelle vaincue, l'obstacle du corps est alors levé. « A ce moment, lorsque je me regardais, il n'y avait plus de forme (d'aspect [姿, sugata]) ». Le regard (l'attention) s'est arraché du monde ambiant et peut se retourner [mikaeru] vers le monde intérieur : l'âme spirituelle, à présent dégagée, apparaît alors sous la forme

172Autrement dit, le fantôme blanc « prend le centre », ce qui est l'un des principes de tout art martial, et spécifiquement de l'aikidō.

d'une figure de lumière[173] [光の姿 , hikari no sugata]. A ce stade de progression vers le centre, Ueshiba s'identifie à la lumière, mais sans être encore parvenu à une pure coïncidence avec lui-même. Il faut remarquer qu'à ce corps de lumière, sont associés d'autres éléments subtils, qui constituent un monde : « les environs étaient pleins de nuages de lumière », « la sensation de tenir un sabre en bois », « une respiration » [呼吸] et « une conscience de soi » [自分の意識, jibun no ishiki] – conscience de soi qui indique bien la persistance d'une dualité, la non-coïncidence du sujet avec lui-même.

> « Il y avait une figure de lumière. Les environs étaient pleins de nuages lumineux. Et pourtant, j'avais conscience de moi. Je sentais que je tenais mon sabre en bois, alors qu'il n'y avait pas de sabre. Il n'y avait simplement qu'une seule respiration. »
>
> あたりは光の雲でいっぱいである。といって自分の意識はあるのです。木剣を持っている気持もある、が木剣はない。ただ一つの呼吸のみがあるのです。

La phrase en japonais peut se traduire textuellement ainsi[174] : « *il y avait* une conscience de soi ». Ueshiba s'étonne d'ailleurs de cette persistance d'une conscience : « *Et pourtant*, il y avait une conscience de soi » [といって自分の意識はあるのです]. De même, il ne dit pas exactement « j'avais la sensation de tenir un sabre », mais

173De même chez Lu Tsou, « le disciple comprend la manière de distiller complètement l'âme inférieure obscure de telle sorte qu'elle se transforme en pure lumière. » Lu Tsou, *Le secret de la Fleur d'Or*, Librairie de Médicis, 1969, p. 56.

174Ces formes grammaticales impersonnelles sont très courantes en japonais et ne sont généralement pas rendues, mais sans doute peut-on les relever ici comme étant significatives. La formule impersonnelle rend en effet le caractère autonome des instances psychiques.

textuellement « il y avait la sensation de tenir un sabre » [木剣を持っている気持もある].

Le troisième stade de l'expérience est marqué par la réintroduction du sujet. Toutefois, ce stade, le plus profond, se révèle être un niveau où le sujet ne peut plus dire « jusqu'ici c'est moi »[175] : d'une part, il dit « il n'y avait plus de moi-même » et, d'autre part, « je ressentais comme si moi-même subsistais dans l'ensemble de l'univers. » Nous sommes donc là au fait de l'expérience où le moi et le non-moi s'unissent, sans pourtant que leur union ne soit un amalgame : le moi et le non-moi sont affirmés avec la même force. Le moi n'est pas dissout par cette expérience d'union avec la totalité, au contraire il prend la figure du roi, autonome et gouvernant par la non-action – c'est-à-dire par le mouvement naturel, intérieur et non volontaire de la respiration. « Ma respiration, écrit Ueshiba, régissait l'extrême de l'univers » [自分の呼吸によって、すべて宇宙の極が支配され] – ce qui s'énonce textuellement ainsi : « par ma respiration, les extrémités de l'ensemble de l'univers, étaient régies. » Celui qui se situe au Centre[176] possède un rapport immédiat, d'intimité à intimité, avec ce qui l'entoure, et c'est proprement en vertu de ce rapport qu'il gouverne. Ueshiba développera cette idée lors de toutes ses conférences, en convoquant les figures de l'empereur qui gouverne non par l'action, mais par sa vertu [tolu, 徳]. L'ensemble de cette expérience se présente donc tel un cheminement ascétique, avec ses étapes – chacune étant caractérisée par un certain type de rapport à soi, au monde et par des formes d'action. Or, il est remarquable qu'un même cheminement se rencontre

175« Tu ne dis plus de toi-même : « jusqu'ici, c'est moi », rejetant la « détermination, tu es devenu Tout. » - Plotin.

176Le centre ultime est à la fois le centre personnel et le centre universel – identifié à la divinité du Centre Ame-no-mi-naka-nushi.

chez Lu Tsou, cheminement marqué par l'extériorisation des mêmes archétypes, dans un ordre identique. Chez l'un comme chez l'autre, la transformation du corps commence tout d'abord par une *défaite* de l'âme corporelle, condition pour que le principe lumineux éclaire le corps, mais aussi le monde matériel dans sa totalité : « L'âme inférieure, écrit Lu Tsou, est vaincue, elle laisse place à la lumière et toutes les choses corporelles du monde sont illuminées par cette lumière intérieure »[177]. On note donc, chez tous les deux, un double mouvement – l'univers « entre » tout d'abord dans le ventre et ensuite le moi gouverne l'ensemble de l'univers. Chez Lu Tsou, comme chez Ueshiba, le sujet ne réagit plus, il n'est plus déterminé dans son comportement par les choses extérieures, il devient celui qui gouverne l'univers par le mouvement intérieur. « Jusqu'à présent, écrit Lu Tsou, nous avons agi de l'extérieur sur l'intérieur, désormais nous demeurons au centre et gouvernons ce qui est en dehors »[178]. Progression ascétique de l'hétéronomie à l'autonomie, que résume parfaitement cette phrase du maître chinois : « si la lumière en révolution retourne vers l'intérieur, elle ne passe plus sous la dépendance des choses. »[179] Comme on le voit, le récit que donne Ueshiba de son duel au sabre avec son « fantôme blanc », récit qui pourrait apparaître, au premier abord, ne relever que de l'imaginaire et ne comprendre aucun élément d'ordre proprement technique, se révèle à l'analyse être une véritable méthode d'entraînement et d'action – Ueshiba donne d'ailleurs, comme nous l'avons dit, à ce récit, le nom de méthode [法], « ma méthode de sabre de Shōchikubai ».

177Lu Tsou, *Le secret de la Fleur d'Or*, Librairie de Médicis, p. 56.
178Ibid., p. 105.
179Ibid., p. 106.

B2. Principes de l'entraînement

En suivant Ueshiba, nous sommes donc passés de la mythologie – affrontement des kami du plan terrestre et du plan céleste – à la dialectique de la vie intérieure – affrontement de l'âme corporelle et de l'âme spirituelle qui se donne à lui sous une forme tangible. L'extériorisation de cet affrontement intime a pour vertu de mettre en évidence toute une série de principes d'action, principes psychologiques et physiques, impliquant le rapport à soi et à autrui. Il est remarquable que par ce phénomène d'extériorisation, le monde intérieur puisse être exploré corporellement : d'une part, il devient visible – c'est-à-dire se manifeste « à la surface », en empruntant les voies de la sensibilité (nous reviendrons sur ce point), et d'autre part, il peut faire l'objet d'une intrusion, d'une expérimentation. Or, le bénéfice de cette exploration psychophysique est d'une nature telle qu'il peut être réinvesti ensuite dans un entraînement intersubjectif, c'est-à-dire avec d'autres personnes. C'est ainsi qu'Ueshiba en tire différentes règles qui lui serviront de base pour créer sa discipline (un « nouvel aiki »), l'aikidō (en 1942). Pour préciser cette transposition, il faut se souvenir que la configuration de base en aikidō est la rencontre, sous forme d'une opposition martiale, de deux personnes –situation conforme donc à l'affrontement d'Ueshiba avec son fantôme blanc. Pour transposer son expérience spirituelle, il va donc conférer à chacun des deux partenaires, le rôle de l'une des âmes (alternativement) : leur affrontement va ainsi réitérer la confrontation initiale d'Ueshiba avec son fantôme blanc, c'est-à-dire l'opposition des deux âmes. Pour cela, il donne, à celui qui va incarner l'âme spirituelle, trois règles de base : « ne pas prendre une garde », « ne pas regarder », « ne pas attendre ». Ces trois principes formulés négativement vont lui permettre de « regarder en arrière » (vers l'Origine) et de se « détacher du cours des choses ». Lors de ses cours, Ueshiba explique la forme de son travail corporel à partir de cette transposition et de ces principes.

B3. Une leçon de sabre d'Ueshiba

Le texte de Takahashi Hideo, ci-dessous, est tiré de *Takemusu Aiki*[180] dont il constitue la première partie du chapitre intitulé « Un avec l'univers »[181]. Le texte de Takahashi nous donne un aperçu de l'enseignement, dispensé par le fondateur de l'aikidō.

Un avec l'univers[182]

> Maître Ueshiba, un sabre en bois à la main, se tenait debout au beau milieu du dōjō, en faisant face à un jeune élève interne. Nous étions dos au mur du dōjō, le souffle coupé, les yeux illuminés, et l'écoutions parler avec emphase. « Il ne faut pas regarder les yeux du partenaire, expliquait Ueshiba. Parce que sinon votre cœur sera absorbé par son regard. Il ne faut pas regarder le sabre du partenaire. Parce que sinon votre ki sera accroché par son sabre. Il ne faut pas regarder le partenaire. Parce que sinon on absorbe le ki du partenaire. Le véritable bu, c'est l'entraînement de la force de gravité qui absorbe entièrement le partenaire. C'est pourquoi il me suffit de

180*Takemusu Aiki* est le l'unique ouvrage de Morihei Ueshiba (1883-1969) dans lequel il explique les principes et les finalités de l'aikidō. Il a été traduit pour la première fois, toutes langues confondues, en 2006. Les cinq tomes de l'édition française ont été traduits par Pierre Régnier, Seichi Kurihara, Joffrey Chassat et moi-même.

181*L'éducation selon Ueshiba*, Cénacle, 2016 – acte de la journée d'étude à Lille3, collectif sous la direction de Bruno Traversi.

182Traduction de Joffrey Chassat, *Takemusu Aiki, volume 4,* Cénacle (à paraître).

me tenir debout ainsi. » Tout le monde a ri spontanément en entendant ces mots. Ueshiba se tourna alors vers son partenaire, et lui dit « Allez, viens ! », mais avant même qu'il n'eût fini de prononcer ces mots, son sabre s'abattit : le temps pour nous d'une pensée, et la pointe de son sabre se trouvait déjà sur la gorge de l'élève. [...] Ainsi, si l'on voyait que le partenaire en position de garde était sur le point de bouger, on ne pouvait dire ensuite si c'était la pointe de l'épée [d'Ueshiba] qui s'était élancée vers sa gorge, ou si c'était l'élève lui-même qui avait été aspiré vers elle. Quoi qu'il en soit, l'élève était surpris de voir la pointe de l'épée devant ses yeux : comment était-elle arrivée là ? Qu'est-ce que le maître avait bien pu faire ? Nous n'arrivions pas à savoir si Ueshiba avait évité le sabre de son partenaire, ou si c'était celui-ci qui avait avancé d'un pas. Il nous semblait que, grâce à son aisance, il n'avait fait qu'un mouvement imperceptible. [...] « Dans l'aikidō d'Ueshiba, il n'y a ni temps ni espace, il n'y a que l'Univers sans changement. C'est ce que l'on appelle "Katsu-hayabi ", insista Ueshiba. […] Maître Ueshiba nous expliquait ainsi les principes de l'aiki les uns après les autres. « Dans l'aikidō d'Ueshiba, il n'y a pas d'ennemis. Si vous pensez que le budō est le fait de vaincre quelqu'un, qu'il soit ennemi ou partenaire, en devenant plus fort que lui, vous faites erreur. Dans le véritable budō, il n'y a ni partenaire ni ennemi. Le véritable budō, c'est le fait de devenir un avec l'Univers en soi. »

Le récit de Takahashi commence par la description d'une situation courante lors d'un cours d'aikidō : le professeur se situe au centre de l'espace d'évolution avec l'un des élèves, afin de montrer le mouvement et d'en expliquer les principes. En l'occurrence, il s'agit de Morihei Ueshiba avec l'un des élèves internes du dōjō. Ils se font face, sabres à la main – il s'agit de sabres en bois, « bokken » [木□]. Une fois posé le contexte, Takahashi rend compte des explications d'Ueshiba.

> « Il ne faut pas regarder les yeux du partenaire. Parce que sinon votre cœur sera absorbé par son regard. Il ne faut pas regarder le sabre du partenaire. Parce que sinon votre ki sera accroché par son sabre. Il ne faut pas regarder le partenaire. Parce que sinon on absorbe le ki du partenaire. Le véritable bu, c'est l'entraînement de la force de gravité qui absorbe entièrement le partenaire. C'est pourquoi il me suffit de me tenir debout ainsi. »
>
> 相手の目を見てはいけない。目に心を吸収されてしまうからです。相手の剣を見てはいけない。剣に気が把われてしまうからです。相手を見てはいけない。相手の気を吸収してしまうからです。真の武とは相手の全貌を吸収してしまう引力の錬磨です。だから、わたしはこのまま立っとればいいんじゃ。

Ces explications demeureraient tout à fait énigmatiques, voire drolatiques, pour qui n'a pas l'ensemble de son système « philosophique » à l'esprit – comme en témoigne le rire des élèves qui assistent à la séance. Les explications d'Ueshiba ne prennent, en effet, leurs significations qu'en regard de la dialectique des deux âmes, l'âme corporelle [haku] et l'âme spirituelle [kon], que nous avons exposée. Comme on l'a dit, il ne cesse de préconiser de se détourner des « choses » [もの], des choses sensibles, et de ne pas s'inscrire dans le monde parmi l'enchaînement des causes et des effets. Pour cela, il est nécessaire, nous l'avons vu, d'opérer une conversion du regard, de « regarder en arrière », *mikaeru :* se détourner des choses sensibles et regarder vers l'Origine. « C'est en regardant en arrière, écrit Ueshiba, que l'on traverse les arts martiaux. » Ce principe donne lieu notamment à la consigne, « il ne faut pas regarder », qu'Ueshiba décline ici. A l'issue de ce rappel, sur la façon de placer le regard et donc l'esprit, Ueshiba fait une démonstration que les élèves n'arrivent pas à « lire » : ils ne réussissent pas à percevoir l'ordre des actions. Si les élèves ne réussissent pas à lire la démonstration, c'est qu'ils regardent et analysent la scène d'après le prisme de la succession et de la causalité – là où Ueshiba conçoit la relation des corps comme coïncidence, de synchronicité (relation a-causale) pour le dire avec Jung et Pauli. « On ne pouvait dire, raconte Takahashi, ensuite si c'était la pointe de l'épée [d'Ueshiba] qui s'était élancée vers sa gorge, ou si c'était l'élève lui-même qui avait été aspiré vers elle. » « Nous n'arrivions pas à savoir, précise Takahashi, si Ueshiba avait évité le sabre de son partenaire, ou si c'était celui-ci qui avait avancé d'un pas. » Cette incapacité à lire l'ordre des événements est significative : les signes de la succession témoignent de l'activité de l'âme corporelle. Aussi l'effacement de ses traces pointe-t-il vers l'âme spirituelle. Au fil du texte, l'on voit ainsi apparaître, par touches successives, deux mondes, celui de l'âme corporelle et celui de l'âme spirituelle, à travers une phénoménologie du corps en mouvement. Comme les élèves ne peuvent pas saisir l'ordre des événements, c'est-à-dire leurs enchaînements causaux, ils supposent naturellement un « mouvement imperceptible » dû à l'*aisance* d'Ueshiba. Autrement dit, ils ne sortent pas de la logique causale, de l'ordre de la succession. Toutefois, l'explication d'Ueshiba est d'une tout autre nature : « Si j'étais de dos, ça serait tout aussi bien. » L'efficience de l'action ne relève, selon lui, ni de la vigilance ni de la réaction, mais du rapport que les individus entretiennent avec eux-mêmes, et par conséquent avec autrui. « Si le partenaire s'engage pour frapper, c'est par le fait même de penser me frapper qu'il se frappe et se blesse lui-même ».

Deux lieux, ou deux plans, complémentaires apparaissent au fil du texte de Takahashi, qui se caractérisent par le type de rapport qui unit les corps entre eux. Ce qui conduit Takahashi à évoquer l'un des thèmes les plus fondamentaux et les plus difficiles de la pensée (et de la pratique) d'Ueshiba, celui de *frontière* [境界]. « Dans le lieu qui s'offre à nos yeux, Maître Ueshiba et l'élève se tiennent debout sur le même tatami, mais en réalité, une frontière les sépare. Le lieu où se tient debout Ueshiba est la frontière du ciel ouvert. » La frontière qui se dessine ici est à la fois frontière physique et frontière ontologique. Elle sépare, d'une part, le monde des choses, monde de la succession (l'entre-deux, le *ma*) et de la causalité, d'avec le monde de la simultanéité. Or, cette frontière transparaît à travers l'activité des corps, au sein de l'agir, c'est pourquoi Takahashi distingue l'espace tel qu'il se donne à la vue [目に見るところ], de l'espace *réel*, « en réalité une frontière les sépare » [実は境界を異にしているのである]. Nous retrouverons ce thème de la frontière lorsque nous analyserons la danse Kagura Mai (danse du mandala). Celle-ci se caractérise en effet par l'émergence de frontières géométriques (psychophysiques) qui structurent l'espace, frontières qui, si elles n'apparaissent pas à la vue, sont là aussi ressenties par les danseurs à travers leurs déplacements. L'expérience de la danse Kagura Mai peut ainsi être comprise comme le développement de ce qui est en germe ici : le dévoilement d'un espace à la fois ontologique et physique, où le temps de la succession cesse, et où sont (ré)unies la sphère corporelle et la sphère psychique – ce qui constitue l'essence du mandala.

Le lien de correspondance et lien de causalité

Le monde de la simultanéité, qui est celui de l'âme spirituelle, se caractérise selon Ueshiba par une forme de lien : le « lien du cordon de l'âme », ou encore le « fil de l'âme » [*en*, 縁]. A l'inverse du *ma* qui unit et sépare, et qui permet la succession, le *en* est le lien qui unit les choses entre elles en deçà du temps et de l'espace. Le *en* est considéré par la croyance populaire comme un « lien magique » par lequel les choses sont nouées [musubi, 結び]. L'on parle ainsi de « nouer un lien » [*en o musubu*], lien entre deux êtres, ou entre deux faits[183]. C'est une notion héritée de la pensée bouddhique qui permet d'expliquer les rencontres apparemment fortuites, mais qui révèlent une correspondance – « C'est parce qu'il y avait un *en* entre nous que nous nous sommes croisés », « nous nous rencontrerons encore s'il y a un *en*. »[184] Chez le fondateur de l'aikidō, comme pour la croyance populaire, le *en* est associé aux « divinités lieuses » [*en-musubi no kami*]. La danse Kagura Mai, dans sa manifestation spontanée et ordonnée, est considérée comme le dévoilement de ce « fil de l'âme » entre les danseurs.

C. La spontanéité inversée chez Paxton

Paxton compare l'aikidō à la tauromachie. L'aikidō se résume, selon lui, à un jeu d'esquive. Il nous semble qu'il se méprend. Il comprend l'activité du corps sous un tout autre paradigme que celui d'Ueshiba : si pour Paxton et ses suivants, l'intimité est entièrement constituée par le milieu

183Jean-Michel Butel, « Les Dosjin, divinités ancestrales des chemins », *Ibisu*, 1999, Maison Franco-japonaise, p. 72.
184Ibid., p. 7.

ambiant – « l'intimité se constitue dans le rapport à autrui et ne le précède pas » –, pour Ueshiba, à l'inverse, c'est le milieu ambiant qui émerge depuis le monde intérieur, qui est une trace de l'âme. Et cette différence de nature ontologique donne lieu logiquement à deux façons opposées de concevoir la spontanéité, hétéronome pour Paxton, autonome pour Ueshiba. Son paradigme culturel constitue un prisme déformant qui l'empêche de saisir ce qu'était la spontanéité pour Ueshiba et donc de la pratiquer : glissement de sens et glissement de pratique. On trouve de nombreux cas d'une telle corruption de sens dans les traductions (partielles) qui ont été faites des écrits d'Ueshiba, mais aussi d'autres auteurs. On peut prendre comme exemple la corruption du texte de Takuan (XVIe siècle), *Mystère de la sagesse immobile,* lors de sa traduction en langue française par Maryse Shibata[185].

Le texte en question prend la forme d'un dialogue sur l'art du sabre entre Takuan, Maître zen, et un escrimeur. Comme nous allons le voir, Maryse Shibata introduit, dans le texte en français, des marqueurs de temps et de causalité. Ce qui conduit à une transformation radicale du récit au point de lui faire perdre toute cohérence, et même d'en inverser le sens. L'extrait porte précisément sur la notion d'entre-deux [*ma*, 間], notion centrale dans la culture japonaise. Comme on l'a dit, le *ma* désigne habituellement la séparation spatio-temporelle entre deux choses qui se succèdent ou qui se font face. L'on considère le *ma* comme ce qui fait que deux choses sont distinctes l'une de l'autre. Or, Takuan nie l'existence du *ma* – compris comme principe de succession – dans l'art du sabre en développant l'idée que le sabreur doit agir de manière

185Nous nous appuyons sur l'analyse qu'en fait Joffrey Chassat dans son article intitulé « Propos sur la corruption d'un texte Zen », *L'éducation selon Ueshiba*, Cénacle, 2016.

simultanée, en coïncidence, avec celui qui lui fait face. La corruption apparaît dès le titre du chapitre. La traductrice propose comme titre : « Temps de réflexe ne mesurant pas plus que l'épaisseur d'un cheveu ». D'une part, l'expression « temps de réflexe » est un ajout qui n'apparaît pas dans le titre japonais et qui remplace la locution originelle, 心の状態 qui signifie littéralement « état du cœur ». D'autre part, la seconde partie du titre « ne mesurant pas plus que l'épaisseur d'un cheveu » est également transformée puisque littéralement le texte dit « un état d'esprit où l'on n'introduit pas un cheveu ». A première vue, le propos de Takuan, et celui de la traduction incriminée, semblent proches et par conséquent équivalents, mais en réalité, il existe entre elles une distance considérable ou mieux une opposition radicale, puisque Maryse Shibata introduit de la distance, de la succession, et un rapport causal de l'ordre du réflexe, là où Takuan affirme un rapport immédiat qui n'admet aucun laps de temps, si petit soit-il. La même corruption s'opère tout au long du texte au point donc d'en inverser le sens et de le rendre tout à fait incohérent. Le même problème pour cet autre passage traduit par Maryse Shibata : « Par exemple, lorsque nous claquons des mains, un son éclate immédiatement. Il est produit par le claquement des mains en un laps de temps pas plus grand que l'épaisseur d'un cheveu. » Comme le souligne Joffrey Chassat[186], le lecteur attentif perçoit immédiatement une contradiction au sein du texte français : d'une part, l'immédiateté est affirmée, d'autre part, un laps de temps, aussi ténu soit-il, est introduit. Le texte japonais ne comporte évidemment pas cette contradiction. Il y est dit littéralement : « Par exemple, lorsque nous claquons des mains, un son éclate immédiatement. Il n'y a même pas le

186J. Chassat, « Propos sur la corruption d'un texte Zen », *L'éducation selon Ueshiba,* Cénacle, 2016.

temps libre pour insérer un cheveu » [毛一本入る暇もありません]. En vertu de cette simultanéité, il n'y a plus de distinction entre une attaque et une contre-attaque, entre une cause et un effet, mais seulement l'unité d'un seul mouvement, sans entre-deux. Cet exemple de traduction montre combien il est difficile de penser par-delà un paradigme régnant, en l'occurrence par-delà le paradigme de la causalité qui a configuré pendant plusieurs siècles notre mode d'existence. Quand un traducteur commet ces erreurs, il est sous l'emprise de ses propres expériences corporelles qui sont elles-mêmes la concrétion de son paradigme culturel. L'étude de Chassat nous montre comment une spontanéité autonome (agir sans réagir, sans que n'entre en jeu le temps de la succession) est confondue avec une spontanéité hétéronome (réagir avec vélocité, dans l'ordre du réflexe). Une corruption tout à fait similaire est à l'œuvre chez Steve Paxton lorsqu'il explique les principes de l'aikidō. Finalement, l'« aikidō » de Paxton représente un renversement de ce que fut l'art d'Ueshiba de manière tout à fait comparable à la dévaluation du taoïsme par Yang Zhu, puisque dans les deux cas il s'agit de réduire la spontanéité autonome, shizen, comme expression de l'Un à une spontanéité fondée sur la réaction. Chez Paxton, comme chez Yang Zhu, il ne s'agit plus de pratiquer un « retournement du regard », pour s'ancrer dans un centre transcendant, mais de prôner un « laisser-aller intégral », en suivant le « cours des choses ». Le corps n'est plus alors comme chez Ueshiba un *shintai*, c'est-à-dire un « réceptacle des dieux », capable de manifester le plan originel *éternel*, il est devenu une chose reflétant le milieu toujours changeant, et sa liberté n'est plus celle du roi qui gouverne le monde par sa respiration, mais la « liberté » qui est celle des rouages.

Partie V

La danse du mandala et le corps originel

Quel rapport existe-t-il exactement entre le Soi, et un certain ordre du vivre-ensemble ? Existe-t-il un lien entre ce cheminement intérieur, que nous avons suivi chez Jung et Pauli, puis chez Plotin et Ueshiba, et le gouvernement de la cité ? Pour répondre à ces questions, nous nous proposons à présent de faire une étude phénoménologique de la danse Kagura Mai d'Ueshiba, danse extatique de type mandala. Pour cela, nous avons « recréé » la danse en atelier[187], ou plus exactement nous avons réitéré la transe qui est à son origine. La danse s'est ensuite développée d'elle-même, spontanément, nous découvrant sa nature géométrique. La danse Kagura Mai, telle que nous l'avons explorée, est une danse collective impliquant généralement de trois à cinq personnes dont le « coryphée » – personnage central qui initie[188] la transe (et donc la danse) et l'arrête. On va le voir, cette étude nous a permis de mettre en évidence une structure psychophysique inconsciente, prégnante à la fois sur le plan individuel et sur le plan collectif.

I. La danse Kagura Mai

A. Etymologie de Kagura Mai

La danse Kagura Mai d'Ueshiba fait partie des danses Kagura 神楽 qui sont parmi les plus anciennes formes de danses du Japon. A l'origine, le terme *kagura* désignait les danses extatiques spontanées qui se réalisaient en état de

187Selon les explications qu'Ueshiba donne dans *Takemusu Aiki*.
188Dans le cadre des pratiques extatiques japonaises, ce personnage correspond au *saniwa*, qui est chargé de mettre en oeuvre la transe.

possession, sous « l'emprise d'un kami », comme l'étymologie du mot l'indique. *Kagura* se compose de deux kanjis, *kami* et *kura*[189]. Le premier, *kami* 神, peut signifier « Dieu », « dieux », ou encore « esprit(s) ». Le second, *kura* 楽 désigne une résidence temporaire. Pendant le temps du kagura, le danseur est considéré comme étant la résidence du kami. Autrement dit, lors de l'exécution des kagura, le danseur est dans un état de possession, « accroché » ou « saisi » par un dieu [kamigakari] : il n'a plus l'impression d'agir de sa propre initiative, mais d'être conduit par une instance psychique étrangère, autre que le « moi »[190]. Outre le terme de *kagura*, le nom de la danse d'Ueshiba comporte également le terme *mai* 舞. Celui-ci désigne également une forme de danse traditionnelle de dynamique circulaire. *Mai* est le substantif du verbe *mau* 舞う dont la traduction usuelle est « danser ». Toutefois, il désigne une danse spécifique que la traduction par le verbe « danser » occulte. En japonais, en effet, *mau* se distingue d'autres verbes tels que *dansu* ダンス ou *odoru* 踊る que le français rend également par « danser ». *Mau* est d'un emploi très ancien puisqu'il apparaît en plusieurs occurrences dans le *Kojiki* 古事記. Étymologiquement, le terme *mau* provient du terme *mawaru* 回る signifiant « tourner autour de », et trouverait son origine en *motohoru* 廻る dont la forme substantivée, *motohori* 廻り signifie « circonférence ». Ainsi, *mau* apparaît comme la forme chorégraphique d'un acte de tournoiement autour d'un axe. Employé dans les offices religieux shintoïste, le *mai*, la forme chorégraphique du cercle, aurait pour vertu d'inviter les divinités à se poser en un point symbolique

189Ortolani, *The japanese Theatre*, Princeton Univesrity Press, p. 15.
190Le prototype des danses kagura est considéré être la danse qu'effectua la déesse Uzume dans le mythe de « La porte de la caverne rocheuse » du *Kojiki*. Selon cet épisode mythique, la danse extatique de Uzume a pour effet une vivification du monde.

situé au centre du cercle décrit par le ou les actants. *Mai* est tout à la fois la danse « qui invite » le kami, qui précède par conséquent sa venue, et la danse qui procède de sa descente, c'est-à-dire « qui manifeste » la présence divine elle-même. Les caractéristiques de la danse *mai,* que nous venons de dégager, se retrouvent dans la danse d'Ueshiba. Nous nous proposons alors de traduire « Kagura Mai » par « danse inspirée et circulaire » : la danse d'Ueshiba se caractérise, d'une part, par une transformation intérieure lors de laquelle le moi se trouve évacué et remplacé par une instance psychique plus haute (ou plus intérieure) et, d'autre part, par sa géométrie et sa dynamique circulaire. C'est précisément ce rapport entre révolution intime et mouvements géométriques que nous allons explorer. De quelle partie de l'âme (pour employer la terminologie d'Ueshiba) ou de l'inconscient, ces formes géométriques du mandala témoignent-elles ?

B. LE MANDALA DANS LE BOUDDHISME

La circularité des danses Kagura Mai renvoie directement au terme de mandala dont Jung donne comme signification « cercle ». Selon la doctrine bouddhique, « mandala » désigne *toute réalité manifestée*. Terme sanskrit, *mandala* se compose en effet de deux parties, de *manda* signifiant « essence », et de *la* signifiant « ce qui possède ». « Mandala » se traduit donc par « ce qui possède l'essence ». Or, toute entité est dotée de cette essence selon la doctrine du bouddhisme ésotérique[191]. Cette affirmation est néanmoins à considérer à partir de la logique paradoxale du Shingon qui affirme, à partir du principe de *ninifuni* [duel et non duel] que nous avons déjà

191Nous nous référerons particulièrement au bouddhisme Shingon.

présenté, tout à la fois et avec la même force, l'unité entre l'essence et le phénomène, et leur dualité : si toute chose est un mandala en soi (possède l'essence), toute chose n'est pas le dévoilement de l'essence – manifestation et voilement. La doctrine Shingon soutient, en effet, que tous les phénomènes sont les apparences d'une seule et même réalité, l'Un (personnifié par le Bouddha universel, le « Grand Illuminateur », Dainichi 大日 [skt. Mahā-vairocana]) tout en affirmant néanmoins la différence absolue entre l'Un et la multitude des êtres 三三平等 [sansan byōdō]. Par ailleurs, « mandala », en tant qu'*œuvre*, ne désigne pas uniquement, dans le Shingon, le mandala-objet – qu'il soit une peinture, une sculpture en ronde-bosse, ou un temple –, mais aussi l'acte produit. La même logique paradoxale – dualité et non-dualité entre l'essence et le manifesté – s'applique aux mandalas en acte. Aussi, le paradoxe du mandala doit-il être saisi à partir d'un autre point doctrinal, celui des « trois mystères », c'est-à-dire du mystère de l'activité du corps de Loi 法身身密 [hosshin shinmitsu] dans ses trois modalités que sont le verbe, le geste et la pensée. Ces trois actes « authentiques » (expressions de l'agir du Bouddha universel) s'opposent *et* sont identiques aux « trois actes profanes » « inauthentiques » (activités des dix mille choses, dont l'homme). Or, c'est justement ces deux aspects, identité et différence, qui permettent un cheminement ascétique conduisant l'adepte de l'« esprit ordinaire » à l'« esprit Éveillé » selon plusieurs stades de « réalisation », *siddhi*[192]. Dans son manuel d'initiation à la secte Shingon, Toganoo Shoun note que lors du premier stade de réalisation du corps, l'adepte perçoit que la forme

192*Siddhi*, « réalisation », doit s'entendre dans l'ordre des trois actes. L'Éveil se manifeste donc à travers la pensée, la parole et le faire qui deviennent « authentiques », c'est-à-dire manifestations adéquates de l'Un. Ce qui signifie la dimension corporelle de l'Éveil.

de son esprit est celle du disque lunaire – figure du cercle et de symétrie : cette réalisation est appelée « Connaissance du Grand miroir rond ». « Grâce à cette connaissance, dit Toganoo Shoun, plus rien en lui n'est mis en mouvement par les passions, par l'esprit dualiste : elle est l'expression d'un monde où tout est immuable, durable, impérissable. »[193] Le quatrième stade, est celui de l'« Accomplissement des Actes », lors duquel le pratiquant réalise qu'il est identique au Bouddha en son corps, sa parole et sa pensée, c'est-à-dire en son triple mystère. Le mandala en acte consiste donc essentiellement en une refondation de toute l'activité dans un centre originel, refondation qui exige tout d'abord de se soustraire aux influences extérieures, à l'hétéronomie[194].

B1. Spontanéité et mandala

Après ce détour par la doctrine paradoxale du Shingon, revenons aux observations de Carl Gustav Jung : il note que des dessins, reprenant la structure géométrique caractéristique des mandalas bouddhiques, se retrouvent dans toutes les civilisations et à toutes les époques[195]. Mais il en relève avant tout la production spontanée chez certains de ses patients. A l'opposé des mandalas du bouddhisme, « ces derniers ne reposent ni sur une tradition ni sur un modèle, puisqu'apparemment ils constituent de libres créations de l'imagination »[196]. Ils semblent être déterminés par certaines données archétypiques dont leurs

---

193Ibid., p. 149.

194L'on voit bien ici la complète inversion que représente le butō par rapport à ces étapes du yoga bouddhique.

195Il mentionne notamment l'art sacré des Indiens Navajos du Nouveau-Mexique ou encore la symbolique médiévale des alchimistes.

196C.G. Jung, *Psychologie et orientalisme*, Albin Michel, p. 73.

auteurs n'ont pas conscience. C'est la raison pour laquelle « leurs motifs d'importance fondamentale se répètent si souvent que, mêmes chez les auteurs les plus différents, ils apparaissent dans des dessins de ressemblances prononcées. »[197] Jung perçoit dans le centre des mandalas de ses patients, « l'intuition d'un centre de la personnalité, pour ainsi dire d'un point central à l'intérieur de l'âme, à quoi tout se rapporte, par lequel tout est ordonné, et qui représente en même temps une source d'énergie ». Ce qui correspond en effet à ce centre dans lequel l'adepte du Shingon doit ancrer ses actes pour qu'ils deviennent « authentiques ». En dessinant un mandala, la main exprime ce que la psyché contient dans ses profondeurs. Jung insiste sur le fait que les dessins en forme de mandalas de ses patientes « ne proviennent pas de suggestions » de sa part. Il en remarque, en effet, l'émergence avant d'en connaître lui-même l'existence dans le bouddhisme. « Lorsque mes patients produisent de telles images, écrit Jung, il est évident que cela ne provient pas de suggestions, car elles furent créées bien avant que j'aie connu leur signification ou leur relation avec les pratiques de l'Orient. »[198] Cette précision est de première importance, puisqu'en effet la production de ses formes géométriques possède un intérêt qu'à la condition qu'elle ne relève pas de l'intention, ni même d'aucune forme de connaissance acquise. Faire un dessin en imitant les formes des mandalas n'aurait aucune valeur pour ce qui nous préoccupe ici. La valeur des dessins que relève Jung réside entièrement dans leur caractère spontané, autrement dit dans le fait qu'ils révèlent une forme *a priori* de la spontanéité.

197Ibid.

198C.G. Jung, *Commentaire du Mystère de la Fleur d'Or*, Albin Michel.

Spontanéité autonome.

Lors de la danse Kagura Mai, à certains endroits précis de l'espace (dans les angles et au centre), le corps se redresse spontanément, jusqu'au soulèvement des talons.

B 2. De la transe à la structure spatiale du mandala

Par ailleurs, les mandalas qu'observe Jung ne sont pas seulement des mandalas dessinés, mais aussi des mandalas dansés : « J'ai observé chez mes patients des femmes qui ne dessinaient pas les mandalas, mais les dansaient. L'Inde possède un terme pour cela : *mandala nritya*, danse du mandala. »[199] Si les mandalas dessinés et les mandalas dansés sont de la même manière les manifestations de l'inconscient, ces derniers impliquent non seulement la gestuelle de la main, mais aussi celle du corps tout entier. De plus, dans le cas du mandala dansé, ce n'est plus l'espace de la feuille blanche qui est investi d'une dimension symbolique, mais l'espace d'évolution du danseur (l'espace scénique). Enfin, les mandalas dansés peuvent impliquer plus d'un individu et ainsi révéler des principes ordonnant le collectif. La danse permet d'approcher la dimension à la fois individuelle et collective du mandala en acte, et donc les « trois mystères ».

II. Approche de la spatialité primaire

A. Intermède pour sorciers

A1. Le thème de la sorcière

Pour étudier la nature de cette spontanéité, qui conduit à l'ordre géométrique caractéristique des mandalas, nous avons organisé des ateliers *Intermède pour sorciers*. Cette appellation se justifie tout d'abord par le fait que les

199Ibid.

danseuses japonaises, qui exécutaient les danses kagura, en état de transe, étaient appelées « miko » [巫女 , sorcières]. Par ailleurs, la sorcière est l'une des figures clés de notre imaginaire collectif[200], souvent convoquée dans la danse contemporaine pour explorer la spontanéité. Il nous a ainsi semblé pertinent de nous ressaisir de ce thème dans le cadre de notre étude[201].

La sorcière est, pour la croyance populaire, celle qui est capable d'animer ce qui est d'ordinaire inerte, d'éveiller les choses par son agir merveilleux et de se jouer des lois naturelles – une fresque du XIIe siècle de la cathédrale de Schleswig la représente chevauchant un balai dans les airs. Image du balai ensorcelé que l'on retrouve également chez Goethe dans *L'Apprenti Sorcier*[202]. Il y met en scène un jeune sorcier débordé par la force qu'il avait voulu soumettre – or, la force forte du monde est rétive :

> « Balai maudit !
> Qui n'en fait qu'à sa tête
> Tu n'es qu'un morceau de bois
> Encore une fois, arrête ! Ne bouge plus !
> Tu ne veux pas t'arrêter balai ?
> Je vais m'emparer de toi. »[203]

200Mary Wigmann évacue complètement l'aspect merveilleux du thème de la sorcière lors de son célèbre solo en 1929 – qui marque les débuts de la danse moderne : elle se contorsionne, rampe au sol dans des positions licencieuses, le visage grimaçant, faisant ainsi de la sorcière un esprit chtonien, jouet de ses pulsions primaires animales, sexuelles.

201Voir *Intermède pour Sorciers*, Cénacle, 2016. Cet ouvrage présente les ateliers de danse Kagura Mai, « Intermède pour Sorciers », que nous tenons depuis 2006.

202En 1940, les Studios Walt Disney reprennent ce texte de Goethe pour en faire le script du passage de *Fantasia*.

203Goethe, *L'Apprenti sorcier*.

A 2. L'animation du bâton

De quoi témoignent exactement ces contes, ces histoires extraordinaires où la matière s'anime en présence du sorcier ? Lors de sa pratique martiale et de sa pratique dansée, Ueshiba a également la sensation que le bâton, ou le sabre, qu'il tient s'anime et possède une véritable autonomie. « Si je tenais un sabre, écrit Ueshiba, le sabre pouvait enseigner *librement* aux gens de cette voie. Je me demandais avec émerveillement comment il se faisait qu'une telle force pût apparaître et que les techniques puissent jaillir ainsi. » Cette sensation témoigne selon lui d'un esprit merveilleux [myōsei, 妙精] qui tient à la fois de la sphère du moi et du non-moi, de la sphère intérieure et de la sphère extérieure, du physique et du psychique. Cette expérience est au cœur de sa pratique – « Pour moi, il n'y a pas de chose ».[204] Cette sensation est liée au surgissement d'une spontanéité impersonnelle qu'il qualifie, comme on l'a dit, de « jaillissement », car elle conduit à la visibilité (dans le monde phénoménal) une réalité fondamentale ordinairement tenue « en dessous ». L'animation du bâton lui semble témoigner d'une réalité sous-jacente.

Réduction phénoménologique

Pour comprendre cette expérience et donc celle de la danse Kagura Mai (du mandala), nous avons, pendant ces ateliers, adopté la démarche du phénoménologue, en évacuant tout d'abord les croyances religieuses à partir desquelles Ueshiba interprète ses propres expériences corporelles, en mettant en suspend la croyance à une réalité transcendante, pour nous en tenir à cela seul qui est effectivement donné dans les vécus de la perception. Il

204M. Ueshiba, *Takemusu Aiki*, Cénacle.

s'agit en quelque sorte d'une réduction transcendantale qui permet de dégager ce qui nous est donné originairement : essentiellement, les idéations, les images du champ visuel et les sensations de mouvement. Nous avons pu ainsi montrer que le vécu de l'animation du bâton s'inscrit dans un état psychophysique global tenant de la transe et qu'il faut par conséquent le comprendre comme l'un des signes les plus saillants des états de conscience spécifiques des danses Kagura Mai (danse du mandala).

Fonctions psychophysiques

D'une manière générale, les états de dissociation – ce que nous appelons « transe »[205] – sont accompagnés d'effets psychophysiques qui peuvent être induits (en hypnose par exemple) ou qui peuvent apparaître spontanément comme c'est le cas lors de ces danses. Ces effets psychophysiques sont des modifications des données de la sensibilité et des déterminations de la motricité qui constituent des manifestations tangibles de l'inconscient. Parmi ces effets, bien connus depuis les observations initiées par Charcot, l'on peut noter les modifications de la vision[206], les paralysies, partielles ou

205Comme nous l'avons dit, de manière succincte, dans notre quatrième partie, Ueshiba pratiquait quotidiennement des techniques de mises en transes, *chinkon kishin no hō*. Techniques qu'il avait apprises auprès de Deguchi de l'Ōmoto.

206En 1844, dans son mémoire, couronné par l'Académie de médecine, Baillarger distingue pour la première fois les « hallucinations psychiques » des « hallucinations psycho-sensorielles » qui se présentent comme des extériorisations. Comme on l'a dit, qualifier d'hallucinations ces extériorisations revient à les considérer d'emblée comme étant irréelles. Comme on va le voir, notre étude sur les danses Kagura Mai (du mandala) met en évidence au contraire leurs caractères objectifs (du fait qu'elles sont partagées, contribuant à organiser le collectif, et toujours similaires pour tous les

du corps entier, les symétries spontanées d'attitude et de mouvements, les attachements, d'une partie du corps ou du regard, à un objet (impossibilité pour le sujet de se dessaisir d'un objet qu'il tient ou de décoller la main d'une surface, ou encore de détacher son regard d'un objet en particulier), les variations de la tonicité, avec tous ses degrés (de la cataplexie à la catalepsie), ou encore les mouvements involontaires d'une partie du corps (de la main par exemple) ou du corps tout entier comme dans les phases de somnambulisme hypnotique. Tous ces phénomènes, qui peuvent toujours être induits par suggestions (selon certaines étapes précises qui correspond à des degrés de la transe) et, par conséquent, sont considérés comme des effets subjectifs, *surgissent spontanément* lors de la danse Kagura Mai pour régler le mouvement de chaque danseur et, par là, ordonner le chœur selon une structure spatiale et temporelle très précise. – C'est pourquoi nous les considérons ici non comme des effets, mais comme des *fonctions psychophysiques* qui permettent l'expression d'éléments objectifs de l'inconscient et, en l'occurrence, de l'archétype d'ordre prégnant sur le plan individuel et collectif.

---

sujets impliqués). Dans son *Traité de psychologie, tome II*, Georges Dumas, de même qu'André Lallande, souligne le caractère concret de ces « hallucinations » qui peuvent revêtir les caractéristiques sensibles de la réalité – qu'il faut donc bien distinguer de l'imagination. Par ailleurs, des expériences récentes, utilisant les techniques d'imagerie cérébrale, ont été réalisées pour analyser, par exemple, les modifications des couleurs en état de transe. Dans une expérience, les sujets regardent des panneaux de couleurs versus des panneaux de nuance de gris. En éveil normal, si l'on demande au sujet d'imaginer que le panneau coloré est gris, les zones de perception de la couleur restent actives, alors que lors de l'état de transe, provoqué en l'occurrence par l'hypnose, ce n'est plus le cas. Autrement dit, l'activité cérébrale correspond à une *modification de l'objet* perçu. (Voir *Le cerveau pendant la transe hypnotique,* B. Suarez).

B. Vécu du geste spontané impersonnel

Il s'agit, à présent, de faire un retour « aux choses elles-mêmes », c'est-à-dire de suivre l'expérience au plus près. Reprenons à notre compte la démarche de Jung : « Dans ce travail, j'ai essayé, en tâtonnant, de faire comprendre ce qui se passe à l'intérieur du mandala. Ce qui s'y passe, en effet, constitue pour ainsi dire l'illustration de changements obscurément ressentis en deçà de la conscience, perçus par l'œil « retourné vers l'intérieur » et rendus visibles par le crayon et le pinceau. »[207] Que nous dit l'expérience ? Quelles sont les sensations qui conduisent le danseur à ne plus employer le « je », mais le « ça », « ça se fait malgré moi », ou même « ça se fait contre moi » ? Pour répondre à ces questions, nous avons travaillé notamment avec Stéphanie Ribery, psychomotricienne. Elle a participé à ces danses en relevant ses sensations et celles des participants.

Situation initiale

Précisons tout d'abord que la danse Kagura Mai se pratique de deux manières, avec ou sans bâton : avec un bâton, les danseurs évoluent par deux tenant le bâton ensemble par la même extrémité ; sans bâton, les danseurs évoluent par groupe de trois à cinq, individuellement. Dans les deux cas, au départ, le coryphée est sur scène et s'en retire lorsque s'engagent la transe et les mouvements. Il ne revient dans l'espace d'évolution que lorsque la danse s'achève. Il faut garder à l'esprit le fait qu'aucune consigne n'est donnée (ni donc de concertation, ou de plan chorégraphique : au moment où ils entrent sur scène, les participants n'ont aucune idée de ce qui va se dérouler). La

207C. G. Jung, *L'âme et le soi*, Albin Michel, 1990, p. 126.

seule consigne qui est donnée est celle de ne pas bouger, ou de saisir volontairement le bâton sans faire d'autres mouvements. De sorte que la *mise en branle des corps et du bâton se fait contre la volonté des « danseurs »* – signe de leur état de dissociation.

B1. Entrée en transe : dessaisissement de soi

L'entrée en état de transe (état de dissociation) se produit de manière imperceptible – aussi bien pour les sujets eux-mêmes que pour les observateurs. Le coryphée, se tient dans l'immobilité, il est « non agissant »[208]. Il semble que ce soit la globalité de la situation (dont le comportement non agissant du coryphée) qui active la transe. La modification de l'état de conscience s'opère, en un instant non décelable, lorsque les danseurs se saisissent du bâton, ou lorsqu'ils entrent sur scène.

Toutefois, l'on peut repérer que la transe est engagée à quelques signes saillants, trois principalement : premièrement, par le fait que les danseurs sont coupés de leur environnement : ils ne répondent plus aux sollicitations extérieures, devenus absents à ce qui les entoure ; deuxièmement, par le fait que leurs déplacements se font *indifféremment vers l'avant ou à reculons,* fait remarquable qui marque immanquablement le début de la transe et donc de la « danse » ; troisièmement, par le sentiment qu'ils éprouvent tous que le bâton s'anime et les entraîne malgré eux. Nous allons le voir, ces trois signes saillants sont intimement liés et doivent être compris au sein d'un ensemble de faits physiques et psychiques, moins

208Il n'y a pas de préparations spécifiques à ces danses, de rituels ou encore de suggestions qui orienteraient les vécus. Pour une description précise de l'entrée en transe, voir *Intermède pour Sorciers* et *Être parmi les choses*, Cénacle (actes du colloque de Lille3).

visibles au premier abord. Disons d'emblée que ces signes accompagnent le sentiment des sujets impliqués d'être dessaisis d'eux-mêmes, de ne plus pouvoir délibérer, de poser des choix et de vouloir. Ils ont alors tous la sensation d'être traversés par une grandeur impersonnelle et impérieuse : « on est pris », « c'est irrésistible (comme la fuite du bâton), je plie sans pouvoir résister », « je ne décide plus. Je ne peux plus avoir de volonté ». Si une volonté moïque peut encore exister à ce stade, le sujet en ressent l'incapacité à mobiliser « son » corps, ce qui entraîne parfois le sentiment d'une lutte intérieure éprouvante (dissociation : je/ça).

B2. Profusion et formes du mouvement du bâton

Dès sa saisie, le bâton donne l'impression de s'animer, non pas de manière désordonnée, mais selon des formes géométriques[209]. Pour l'observateur, le bâton, tenu par les deux danseurs, dessine des arabesques dont la figure du cercle en est l'un des motifs principaux : le bâton trace des cercles au sol en restant en contact avec lui par son extrémité libre, ou encore dessine des cercles en hauteur sur un plan vertical – dans ce cas, les cercles peuvent s'enchaîner à une vitesse assez rapide et constante. Deux autres figures remarquables sont celles de la verticalité : pendant sa course, le bâton se pose au sol ou s'élève dans une position parfaitement verticale ; et celle de l'horizontalité : le bâton se place à l'horizontale en se déplaçant ou en restant immobile dans cette position, contraignant les danseurs à rester sur place[210]. Le

209Pendant la danse, les mains des danseurs bougent sur le bâton (sans pouvoir néanmoins le quitter), ce qui permet une grande variabilité de mouvement.

210Dans ce cas, les pieds étant « collés », l'immobilité donne lieu à des mouvements du tronc et à des fléchissements des genoux.

mouvement général montre un dynamisme continuel et fluide. A travers les mouvements du bâton, les partenaires font ainsi preuve d'une coïncidence motrice fine permettant l'exactitude de ses positions et de ses déplacements. La profusion des mouvements du bâton donne l'impression aux danseurs qui le tiennent d'une pure vitalité possédant ses rythmes et ses figures propres.

B3. Vécu d'un mouvement spontané impersonnel

La modification psychologique, qui est à l'origine de la sensation que le bâton se meut peut se décrire comme une espèce de fascination intérieure, accompagnée d'un fort amenuisement des sensations extéroceptives et de l'émergence de sensations intéroceptives inhabituelles.

> « La sensation, que le bâton m'emmène, arrive, renversant mes repères. Le bâton m'emmène alors dans un mouvement irrépressible comme si j'étais tractée par une grosse machine. Renversement des repères et étonnement viennent de la nature extrême, radicale, des sensations. J'ai l'impression que tout s'inverse par rapport au fonctionnement " logique " des choses ».

Ce témoignage de Stéphanie Ribery, qui date d'environ dix ans[211], rend compte de la sensation générale lors d'une expérience de ce genre. Il faut tout d'abord souligner la netteté et la puissance de la sensation, « mouvement irrépressible comme tractée par une grosse machine ». De même, Jennifer Stanislawski témoigne : « Je sens le bâton tirer fortement. Il me donne l'impression de filer dans une direction bien précise. La force du bâton se répercute dans tout mon corps. »

211Décembre 2006.

Spontanéité autonome.

Lors de la danse Kagura Mai, le bâton donne la sensation aux danseurs qui le tiennent de s'animer, de tirer fortement, les entraînant à sa suite.

Le bâton s'élève dans les angles.

Étonnement

Il faut ensuite relever que cette sensation engage un étonnement qui est caractéristique non seulement de la première expérience, mais aussi de chaque expérience. L'étonnement nous semble être un élément constitutif de l'expérience. Il tient sans doute au fait que l'expérience déroge à notre vécu ordinaire quant aux sensations liées à la manipulation des choses, mais aussi aux représentations intellectuelles qui leur confèrent une certaine « logique ». L'étonnement témoigne de la rupture avec le paradigme qui fait du sujet l'agent de « son » activité au sein d'un monde soumis à la causalité, où les sphères physique et psychique, les sphères du monde intérieur et du monde extérieur sont clairement distinctes. L'expérience d'un mouvement spontané impersonnel, qui se « donne sans agent ni cause », représente ainsi une fracture au cœur du monde, au cœur de l'expérience la plus fondamentale du sujet d'avec lui-même, et dans son rapport le plus élémentaire à l'objet. L'expérience se caractérise ainsi par un renversement : alors que dans l'expérience quotidienne les sensations extéroceptives dominent les sensations intérieures, lors de la danse du mandala, ce sont ces dernières qui emplissent la conscience, déterminant la sensibilité et la motricité.

Contraintes

De plus, le bâton peut sembler tirer plus ou moins fortement entraînant les danseurs à sa suite, il les engage à adopter des positions qui peuvent être très inconfortables et éprouvantes[212]. Le plus souvent, le bâton arrête sa

---

212Voir « Lorsque le bâton s'anime – étude du rapport à la chose dans la danse Kagura Mai », Anthony Parent, journée d'étude à Lille3, *Être*

course en se positionnant de manière verticale : « A la fin de l'expérience, le bâton nous entraîne vers le sol. Il est impossible de résister à l'attirance vers le sol à travers le bâton. C'est une sensation très forte et précise (c'est-à-dire qui n'est pas diffuse). Nous percevons simultanément la verticalité exacte du bâton. La position est très inconfortable. » Ou encore Jennifer Stanislawski : « Le bâton s'élève de telle sorte que je suis complètement étirée et que je suis obligée de me mettre sur la pointe des pieds. » Comme on le voit, l'impression que le bâton s'anime seul se donne à travers des sensations précises. Ces sensations sont-elles alors trompeuses ? Et pourquoi ? Ou révèlent-elles au contraire une réalité qui est ordinairement voilée – c'est-à-dire qui n'apparaît pas lorsque les sensations extéroceptives dominent ? Si oui, de quelle réalité s'agit-il ?

> « Lorsque débute le mouvement du bâton, le bassin s'enroule avec une sensation d'affaissement vers le sol, les genoux plient et c'est alors que le bâton commence à tirer au niveau des mains. Normalement si l'on ne fait pas de gestes volontaires, on ne sent plus beaucoup le bâton à l'arrêt. Mais là, indépendamment d'une volonté de le mouvoir, on sent dans les mains que ça tire. Je perçois une tension dans les doigts, identifiée grâce aux propriocepteurs. C'est comme dans la vie quotidienne : si quelqu'un tire sur un objet que vous tenez, vous en êtes informé par une tension qui apparaît entre les doigts et le bâton. Cette sensation se produit précisément au niveau des propriocepteurs et des intérocepteurs des doigts, c'est-à-dire les récepteurs sensibles à la pression et au mouvement. »

---

parmi les choses, Cénacle, 2016.

Spontanéité autonome.

Lors de la danse Kagura Mai, le bâton termine sa course en se posant verticalement, obligeant les danseuses à s'agenouiller (incapables de s'en détacher).

Proprioception et transcendance

Les sensations qui indiquent aux danseurs que le bâton s'anime, situées au niveau des propriocepteurs des mains, s'inscrivent dans un ensemble de kinesthèses qui donnent au sujet l'impression que son corps bouge de lui-même, indépendamment de sa volonté. « Lorsque débute le mouvement du bâton, précise Stéphanie Ribery, le bassin s’enroule avec une sensation d’affaissement vers le sol, les genoux plient et le bâton commence à tirer au niveau des mains. » Selon nos observations, ces sensations constituent un chemin proprioceptif partant de la colonne vertébrale au niveau des hanches ou du plexus solaire, et se propageant ensuite vers la périphérie du corps. Ce cheminement s'accompagne de l'impression d'un centre non égologique, et d'une intimité « plus vaste » que les limites corporelles[213]. Au fur et à mesure des répétitions[214] des danses, la prise de conscience des sujets s'affine et certaines informations proprioceptives et intéroceptives se dévoilent.

> « Je suis progressivement plus à même de saisir mon vécu qui évolue au fil du temps. J'ai constaté, à travers deux écrits différents relatant la même expérience sur un intervalle de cinq ans, une évolution : ainsi, dans l’expérience du bâton, dès que le « phénomène » commence je me sens « prise » au niveau du plexus solaire et une modification respiratoire arrive simultanément. Dans mon écrit d'il y a environ cinq ans, la prise de conscience de la gêne respiratoire n'arrive qu'à la fin. La perception des ressentis corporels s'affine et parallèlement la conscience se sensibilise et s'éveille. »

213Ce qui donne une certaine objectivité à ce sentiment numineux.
214Nous n'avons jamais sollicité les mêmes personnes plus d'une à deux fois par an, afin de ne pas entrer dans un processus d'apprentissage et d'automatisme.

Comme on peut le remarquer dans le témoignage ci-dessus de Ribery, l'expérience rend difficile la prise de conscience de soi, particulièrement de certaines informations reçues de l'organisme. Ribery émet l'hypothèse que les modifications de la respiration sont liées à l'émergence de nouvelles sensations, plus profondes que celles qui se donnent ordinairement, qui indiqueraient les racines d'un mouvement perçu alors comme étant impersonnel : « Je me demande si l'entrave respiratoire est corollaire au fait que les sensations deviennent plus profondes, plus intimes ? »

En résumé, on observe chez les sujets une modification globale psychique se caractérisant par un affaiblissement de la conscience des alentours, l'émergence de sensations proprioceptives et intéroceptives inhabituelles, ressenties comme « plus profondes » et finalement le sentiment d'un centre non égologique – s'accompagnant de l'impression de participer à une dimension plus vaste (sentiment du numineux). Il faut retenir que la volonté disparaît elle-même en même temps que le « je » et la conscience réflexive : « on est pris », « ça bouge », « c'est irrésistible (comme la fuite du bâton), je plie sans pouvoir résister », « je ne décide plus. Je ne peux plus avoir de volonté », « il n'y a plus de distance de soi à soi ». Cet état de conscience spécifique est donc marqué par une mise hors circuit du moi volontaire : comme on l'a dit, il est impossible aux sujets de se dessaisir volontairement du bâton, ou encore de se relever lorsque le bâton arrête sa course, les contraignant à s'affaisser. Le phénomène est exactement inverse d'un « laisser-aller » (qui est une décision du moi) – ce point est absolument fondamental pour comprendre ce qui se déroule pendant ces danses « extatiques ».

B4. Postures symétriques des danseurs

Nous avons rendu compte des sensations au niveau individuel en soulignant la quasi-disparition des informations venant du milieu ambiant et le caractère nécessaire du mouvement spontané (impossibilité de délibérer, de choisir, de vouloir). Or, en comparant la gestuelle des sujets impliqués, nous remarquons qu'ils adoptent très régulièrement des postures symétriques. Lorsque la danse s'exécute avec un bâton (tenu d'un seul côté par deux danseurs), les postures des deux sujets sont régulièrement symétriques dans leurs moindres détails : inclinaison du buste, de la tête, direction du regard, écart et angle des pieds, soulèvement des talons, etc. De même, lorsque la danse se réalise sans bâton, les danseurs (généralement de 3 à 5 individus) prennent des postures et des gestuelles symétriques[215], se situant pourtant à des endroits distants au sein de l'espace scénique[216]. Les symétries qui s'observent ne pouvant s'expliquer ni par une intention ni par une volonté, ne relèvent donc pas d'un processus conscient[217] ; il faut les considérer comme des formes qui dépassent la subjectivité des danseurs alors même que le mouvement spontané s'effectue dans une inconscience du milieu et notamment des agissements d'autrui. Cela semble renvoyer à l'impression, qu'ils partagent, d'une dimension intérieure « plus vaste » que les limites du corps, et d'un centre non égologique.

215Le plus souvent par deux, mais parfois la symétrie posturale implique l'ensemble des individus (en même temps).

216Les espaces utilisés font en général entre 50 et 100 m2.

217La plupart de ces symétries échappent également aux observateurs. Si l'on peut remarquer les plus évidentes, de nombreuses symétries demandent, pour être repérées, une analyse des séquences filmées et des photographies.

B5. Géométrie de l'espace

Chemins nécessaires et marche à reculons

Du point de vue extérieur – celui du spectateur –, le bâton semble suivre des chemins bien définis (des lignes droites et des tracés circulaires). C'est également ce que ressentent les danseurs : ils ont l'impression que les déplacements du bâton obéissent à quelques chemins invisibles et pourtant obligeants.

> « La précision et la vitesse émergent dans les déplacements que nous effectuons, emmenés par le bâton. Les mouvements réalisés dans l'espace sont surtout circulaires – comme si nous suivions des *chemins déjà tracés* – et linéaires. Quand les déplacements s'accélèrent surgit l'impression que le bâton va s'enfuir. [...] Le bâton, entraînant mon corps, se déplace tout d'abord dans une première direction, puis explore tout le volume de l'espace par ses circonvolutions. [...] Les mouvements réalisés sont surtout circulaires.»[218]

De même, lorsque la danse se fait sans bâton, les déplacements des danseurs suivent des chemins géométriques dont le caractère nécessaire s'impose d'autant plus que, comme nous l'avons évoqué, la plupart des déplacements se font à reculons. Lorsque les danseurs se déplacent à reculons, ils ne tournent pas la tête et leur regard reste dirigé vers l'avant, autrement dit ils demeurent dans une posture qui correspond à la marche vers l'avant. Leurs déplacements et leurs attitudes rendent manifestes leurs non-choix et leur absence d'intentionnalité.

218Stéphanie Ribery – Journée d'étude « Le mandala et ses figures dans la modernité artistique » *DEMéter* du CEAC de Lille3.

Témoignage de Stéphanie Ribery

« J'ai la sensation qu'une verticalité me « vient », m'inscrivant dans un axe terre-ciel. Verticalité que je ressens à travers une double sensation, au sommet du crâne et du périnée : la première entraîne un étirement vers le ciel qui vient aplanir la cyphose cervicale, et la deuxième, le périnée me semblant être attiré vers la terre, entraîne une bascule du bassin. Le pied ne se déroule plus, mais glisse sur le sol. J'ai la nette sensation qu'une force m'attire, m'obligeant à me déplacer, au niveau d'un point dorsal. Ces déplacements impliquent une coordination spontanée et précise entre les hanches et les pieds avec des angles qui se correspondent, et produisent ainsi une organisation spatiale exacte. Simultanément à cette précision de l'organisation spatiale, une précision temporelle semble émerger. Au moment où un axe corporel s'installe au début de l'expérience, une sensation de ralentissement apparaît au niveau de la conscience perceptive. Une coordination des mouvements semble s'établir indépendamment des sens, j'ai la nette impression que les mouvements ne tiennent plus compte des informations visuelles. Je perçois une gestualité prendre forme en moi-même, les sens étant mis au second plan ; je n'ai plus la sensation de m'adapter à l'espace. Dans un déplacement habituel, le sujet recueille les informations intracorporelles (proprioception et intéroception) et extracorporelles. Puis, il les traite soit sur un mode automatisé, soit sur un mode "corticalisé" si des données nouvelles nécessitent une prise de conscience du changement, une réponse motrice adaptée étant ensuite fournie. Dans le cas de cette danse Kagura Mai, le mouvement, ou son arrêt, ne semble avoir aucune cause : ça s'arrête ! – Une vitesse émerge, indépendamment de ma volonté, provoquant des accélérations, des ralentissements, et des arrêts que je ne décide pas. Une grande partie de mes déplacements se fait à reculons. Il semble n'y avoir aucun programme mental du geste, c'est-à-dire que le passage par la pensée consciente ne semble pas se faire comme si une autre "instance" opérait. Or, les déplacements du corps s'adaptent parfaitement à l'environnement. Cette motricité n'utiliserait que les "câblages automatisés" et serait "animée" par une autre dimension que celle de la prise de conscience. »[219]

Être ensemble sans adaptation

Comme le monte ce témoignage de Ribery, l'impression que l'espace comporte des chemins nécessaires est liée au fait que les déplacements se font à reculons et que les individus ne mettent plus en œuvre les processus ordinaires d'adaptation – sensation ressentie au niveau individuel, mais aussi collectif : le choeur montre un ordre précis (géométrique) – ordonnancement spontané qui se manifeste à travers la symétrie des postures et la coïncidence des corps lorsqu'ils se croisent. L'espace collectif d'évolution apparaît alors tel un espace intérieur qui serait partagé.

Frontières et champ psychophysiques

Chemins nécessaires, évolution sans adaptation et sans possibilités de choix, l'espace n'est plus alors vécu comme étant ouvert et isotrope ; il semble prendre les caractéristiques d'un champ, c'est-à-dire posséder une structure invisible qui oblige les danseurs à prendre certaines postures, à suivre certaines directions, ou encore qui leur interdit certaines zones. Si ces limites ne sont pas perçues par les spectateurs, elles sont ressenties par les danseurs à travers leurs sensations tactiles : ils ont l'impression d'être empêchés ou guidés par des frontières.

219S. Ribery, psychomotricienne – témoignage, 2008.

L'espace est donc investi de qualités psychiques partagées par tous les sujets impliqués. L'« apparition » de ces frontières (à travers les déplacements du bâton et des danseurs) provoque de nombreuses interrogations chez les participants. « Pourquoi, me demandait Bernard Laurent après avoir réalisé une danse, le bâton ne quitte-t-il pas l'espace ? Et pourquoi ne se cogne-t-il pas contre les murs (bordant l'espace scénique) ? » En effet, malgré la vivacité des mouvements du bâton, de leur variété, ils semblent répondre à la règle absolue de ne pas quitter l'espace scénique, de ne jamais même atteindre sa frontière. C'est ainsi que le bâton arrête brusquement sa course lorsqu'il arrive à la limite de l'espace, ou la continue, mais en s'élevant à la verticale, donnant l'impression aux danseurs de « glisser » sur une surface impénétrable.

Non seulement le bâton et les danseurs, lorsqu'ils se déplacent individuellement, ne franchissent pas la limite immatérielle de l'espace, mais, plus encore, ils en marquent le contour par un mouvement de circumambulation irrépressible. Deux formes de circumambulation apparaissent nettement : au début de la danse, lorsque le coryphée se situe encore dans l'aire d'évolution, le bâton et les danseurs tournent autour de lui, dessinant un cercle et le désignant ainsi comme centre – mouvement récurrent, quels que soient les individus impliqués ; lorsque le coryphée sort de l'aire, le cercle s'ouvre, le groupe qui était en ordre circulaire s'éclate et les danseurs évoluent alors dans l'espace en suivant des angles de 90° et de 180° (plus rarement à 45°, lorsqu'ils suivent les diagonales qui passent par le centre) ; suivant une dynamique générale circumambulatoire. D'une manière générale, ils ont fortement tendance à suivre les *limites* de l'espace, ce qui comprend le centre et donc les diagonales de l'espace. L'on voit alors se dessiner à travers leur déplacement une surface quadrangulaire. Par ailleurs, ils marquent les angles et le centre : le bâton se positionne verticalement et s'élève à ces endroits, et les corps se tendent, s'étirent jusqu'au soulèvement des talons. L'on voit ainsi apparaître, au fur et à mesure de l'étrange pérégrination des danseurs, *un volume orthogonal.* Leurs déplacements transforment l'espace neutre en un espace structuré (lieu) qui reflète leurs dispositions psychiques, dispositions d'où s'est absenté le « je » au bénéfice du « ça ». L'expérience semble ainsi témoigner d'une dimension qui transcende la division entre espace intérieur et espace extérieur.

Le cliché ci-après, pris en pause longue (ce qui permet de faire ressortir les traces des déplacements des danseurs en éliminant l'écoulement du temps), montre le début de la danse, lorsque le coryphée vient de quitter l'espace. La photographie nous révèle, derrière le temps, une architecture originaire du vivre-ensemble, qui réconcilie la spontanéité et l'ordre. La figure qui apparaît est la plus élémentaire. Lorsque la danse se poursuit, elle se complexifie, mais toujours selon les mêmes principes géométriques de base. En l'occurrence, la danse impliquait trois danseurs plus le coryphée. Dans l'illustration suivante, les deux danseuses ressentent le bâton s'ajuster parfaitement au centre de l'espace, s'élever, puis tirer fortement vers le haut. Elles ont l'impression d'être « suspendues ».

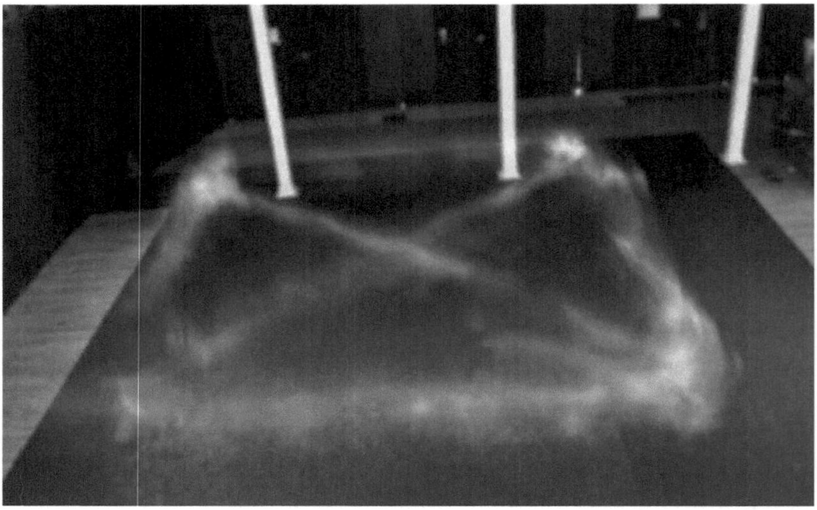

Spontanéité autonome.

Lorsque le coryphée est absent, les danseurs sont conduits à marquer les limites de l'espace, ce qui comprend le centre et donc les diagonales, dans un dynamique circumambulatoire irrépressible.

Ensuite, la danse évolue selon des figures plus complexes, mais répondant toujours aux mêmes principes géométriques.

Studio *Danse à Lille*, Roubaix 2008.

Spontanéité autonome.

Lors de la danse Kagura Mai, le bâton se place au centre et s'élève, tirant vers le haut, selon une dynamique giratoire dextre.

Expérience originelle de l'*axis mundi*.

Lors d'une représentation, Lille décembre 2014.

Le phénomène d’élévation s'accompagne d'un mouvement giratoire dextre[220].L'attraction puissante dura plusieurs minutes, très éprouvantes pour les danseuses, jusqu'à l'évanouissement :

> « J'ai la sensation, commente Stéphanie Ribery, que le bâton est très vertical. En même temps, l'image du ciel et de la terre s'impose à mon esprit. L'ajustement vertical se fait tout d'abord à travers le mouvement bâton, puis « ça » monte simultanément dans le bâton et dans le corps, du plexus solaire jusque dans la gorge. Ensuite, cette sensation, de verticalité du bâton, demeure très présente : j'ai l'impression que le bâton est tiré vers le ciel et ça m'étire, comme si j'allais devoir monter plus haut que mon corps ne le peut. »

On imagine difficilement une telle sensation, que « le bâton tire » vers le haut, et que cette attraction se ressent à travers la pression que ce « mouvement » exerce au niveau des mains, mais aussi des épaules et du corps tout entier. Cela témoigne d'une modification radicale du rapport à soi et au monde qu'engage cette forme de transe. – Le *corps originel* se constitue de ces kinesthèses qui font *vivre* le sacré.

En résumé, lorsque le danseur est « saisi », le moi étant mis hors circuit, certaines fonctions psychophysiques (de symétrie, d'attachements, de paralysie, etc.) sont activées qui déterminent son activité (sa gestuelle dans ses moindres détails, le rythme et le sens de ses déplacements)

220Immanquablement, le mouvement giratoire du bâton, lorsqu'il s'érige vers les hauteurs, se fait dans le sens horaire. Or, plusieurs expériences, que nous ne pouvons développer ici, ont mis en évidence que lorsque les corps sont attirés, non plus vers le ciel, mais vers un centre de profondeur terrestre, un mouvement de rotation senestre se produit. Comme ces expériences sont récurrentes chez différents sujets, j'en admets naturellement le caractère objectif.

de telle sorte qu'elle coïncide à celle des autres personnes impliquées. Par l'activation spontanée de ces fonctions, un nouveau type de rapport à l'espace, et à autrui, s'impose aux danseurs.

Caractéristiques de l'espace primaire

- Espace dynamique et évolutif, répondant au principe de symétrie (lui-même évolutif) .
- Espace, tout d'abord, circulaire, qui s'ouvre en un
- Espace carré dont les angles sont marqués par la verticalité (des corps ou du bâton) et dont le centre est marqué par un axe vertical tournant sur lui-même de façon dextre.
- Espace constitué de frontières psychophysiques infranchissables et de chemins nécessaires, guidant les sujets dans leurs postures et leurs déplacements tant sur un plan horizontal (circumambulation) que vertical (étirement du corps, soulèvement des talons)

Il est remarquable que, quel que soit le sujet, les mêmes états psychiques et les mêmes motifs surgissent. Aussi qualifions-nous ces danses d'« objectives », dans le sens où Jung emploie ce terme pour désigner les contenus de la psyché qui ne relèvent pas de la subjectivité de l'individu, et s'imposent à lui. Il s'agit là d'un phénomène d'extériorisation d'éléments objectifs issus de l'inconscient, ou pour le dire, en employant la terminologie d'Ueshiba, d'une « remontée à la surface » d'éléments tenus ordinairement « en dessous » – dans les profondeurs de l'Âme commune. Ueshiba y voyait un principe de « réparation » du monde (réparation de la scission entre la sphère physique et la sphère psychique).

C. Mandalas dessinés et mandalas dansés

« Le fondement instinctivo-archaïque de notre esprit est constitué d'une donnée objective antérieurement présente, indépendante de l'expérience individuelle et de l'arbitraire purement subjectif. »[221] L'espace du mandala, tel que nous avons pu l'observer lors de la danse Kagura Mai, donne l'impression d'un champ (nous ne supposons pas un « éther » quelconque)[222] dont les lignes de force se dévoilent au fur et à mesure de l'évolution des danseurs. Tout particulièrement, comme nous l'avons dit, cet ordonnancement semble répondre à un principe de symétrie : symétrie de posture (les postures adoptées par les sujets sont symétriques), symétrie de positionnement (par rapport à l'espace scénique), symétrie de déplacement. L'on pourrait alors faire l'hypothèse, en reprenant la position développée par Pauli et Jung, que les principes de symétrie renvoient eux-mêmes à un principe d'unité premier mettant en rapport les éléments symétriques – à un « arrière-monde »[223] psychophysique. Ces exercices dansés s'apparentent, autant par leurs aspects que par le dynamisme psychique, aux mandalas dessinés. Dans *Psychologie et orientalisme*, Jung résume en quelques points[224] les différentes caractéristiques des mandalas dessinés spontanés qu'il lui a été donné d'observer :

221C.G. Jung, *Métamorphoses de l'âme et ses symboles*, Georg, p. 82.
222Voir « Le champ en physique et le champ en psychologie selon W. Pauli » d'Alexandre Mercier et de Bruno Traversi, *Être parmi les choses*, Cénacle – actes de la journée d'étude organisée à l'université Lille3.
223W. Pauli emploie l'expression d'« arrière-plan » et Jung de « monde antérieur », mi-psychique et mi-physique (ou ni l'un ni l'autre, c'est-à-dire au-delà de l'opposition entre la sphère physique et la sphère psychique).
224C.G. Jung, *Psychologie et orientalisme*, Albin Michel, p. 73.

- Une forme circulaire, sphérique ou ovoïde.
- La forme circulaire achevée devient une fleur ou une roue.
- Un centre est marqué par un soleil, une étoile, une croix.
- Les cercles, les sphères, les croix sont souvent représentés en train de tourner.
- Le cercle est représenté par un serpent entourant un centre, de forme circulaire (uroboros) ou en spirale (œuf cosmique).
- La quadrature du cercle figurée par un cercle dans un carré ou inversement.
- Château, ville, cour (temenos) en forme de carré ou de cercle.
- L'œil (pupille ou iris)

Rappelons que du point de vue de la tradition bouddhique, la contemplation et la production du mandala sont liées à l'état psychique du sujet. Le mandala est tout à la fois le moyen – représenté pour être contemplé – et le résultat de cette contemplation. Comme nous allons le voir, les dispositions psychophysiques des danseurs, que nous avons relevées, correspondent à la lecture psychologique que fait Jung de la symbolique du mandala.

La dimension opératoire du mandala traditionnel se caractérise comme un processus de centrage : en tant qu'objet de contemplation, le mandala [yantra], « est destiné, écrit Jung, à soutenir la concentration par la réduction pour ainsi dire circulaire du champ psychique à l'espace central. »[225] Il distingue ainsi deux aspects à la dynamique de centrage, complémentaires l'un à l'autre : l'exclusion des alentours, d'une part, et l'attirance vers le centre, d'autre part. Dans le mandala dessiné qu'il

225C.G. Jung, *Psychologie et orientalisme*, Albin Michel, p. 70.

examine, ces deux dimensions se symbolisent par des cercles différents : « Le mandala contient trois cercles peints en noir ou en bleu foncé, dont le but est d'exclure l'extérieur et de donner une cohésion à l'intérieur. [...] Ensuite, habituellement séparé du reste encore une fois par un cercle magique, on trouve le centre, l'objet essentiel ou le but de la contemplation. »[226] De plus, il note que le processus de centrage se manifeste par la circumambulation. Ces deux aspects se retrouvent dans la danse Kagura, tant à un niveau individuel que collectif, à travers la disposition psychique et les actes des danseurs : sur le plan individuel, l'exclusion des alentours (symbolisé dans le mandala par trois cercles noirs) renvoie à l'évacuation des données extéroceptives qui se produit dès que commence la danse, au bénéfice du monde intérieur (espace central). A cet état psychique, correspond effectivement la circumambulation. Par ailleurs, cette circumambulation s'effectue autour de l'espace scénique qui se trouve, comme on l'a décrit, proprement infranchissable par les danseurs sous l'emprise intérieure des objets de la psyché. Il y a donc là une exclusion de l'extérieur qui a pour effet de séparer nettement, pour chacun des danseurs et donc pour l'ensemble du chœur, l'espace d'évolution de celui des spectateurs – comme deux mondes différents. Or, l'expérience montre que cette partition, entre extérieur et intérieur, est elle-même la condition pour que le collectif soit préservé des influences extérieures, et qu'ainsi se produise l'unité du chœur et, l'émergence de son ordonnancement géométrique. L'on retrouve donc, à travers le mouvement effectif des danseurs, la correspondance que Jung souligne entre le développement spatial du mandala dessiné et un état

---

226Ibid.

psychologique de centrage qui exclut l'environnement. « L'image a pour but affirmé de tracer un *sulcus primigenius*, un sillon magique autour du centre, du temple ou du *temenos* (enceinte sacrée) de la personnalité intime, afin d'empêcher les « fuites » ou de préserver de façon apotropaïque des déviations causées par l'extérieur. »[227]

Cette périphérie, qui se dévoile à travers la circumambulation des danseurs, est dépendante du centre (incarné par le coryphée) dont Jung donne cette définition éclairante : « Ce centre n'est ni ressenti ni pensé comme étant le moi, mais si l'on peut dire, comme étant le soi. Bien que le centre représente d'une part un point situé tout à fait à l'intérieur, il comporte d'autre part une périphérie. [...] En fait partie d'abord la conscience, puis ce que l'on appelle l'inconscient personnel, et pour finir encore une part de taille indéterminée de l'inconscient collectif. »[228] Le centre est intégrateur des différents aspects de la personnalité qui peuvent être perçus comme des opposés. Ainsi en est-il du corps et de l'esprit, mais aussi de l'individu et d'autrui, ou encore de l'intériorité (espace intérieur) et de l'espace (espace extérieur). C'est une partie « indéterminée de l'inconscient collectif » qui, dans une certaine mesure, transparaît dans la danse du mandala, dans le fait que l'espace se révèle investi de caractéristiques psychiques : le milieu ambiant est tel un milieu intime – ne nécessitant aucune adaptation. De plus, de la même manière que les mandalas dessinés, les mandalas dansés développent une spatialité qui indique en creux un centre impersonnel, le Soi. Le Soi n'apparaît plus alors comme le centre ultime d'un individu plongé dans un

---

227C.G. Jung, *Commentaire sur le Mystère de la Fleur d'Or*, Albin Michel, p. 43.
228C.G. Jung, *Psychologie et orientalisme*, Albin Michel, p. 70.

milieu sensible hétérogène, mais comme étant un centre « contenant » l'individu en entier, dans ses aspects physiques et psychiques, ainsi que l'espace dans lequel il évolue. L'architecture du Soi s'actualise à travers le mouvement du corps, du déploiement gestuel et de la marche. Elle se manifeste premièrement sous la forme d'une circumambulation. – Le pas dévoile l'âme.

On assiste ainsi, avec la danse du mandala, à un retournement complet de l'activité, puisque la sensation et le geste ne sont plus produits par les stimuli extérieurs, mais découvrent un contenu originel – processus d'extériorisation. Les sensations, dans leurs modalités tactiles, visuelles et sonores, constituent l'apparaître du mandala : la sensation du pas glissé ou heurté sur le sol, le bruit et la figure du corps en mouvement rendent tangible une non-forme jusqu'alors maintenue dans les tréfonds du corps et de l'esprit – « corps originel ».

III. Approche de la temporalité primaire

> « - A l'instant, Maître, votre corps ressemblait à un morceau de bois sec, vous paraissiez avoir quitté le monde et les hommes et vous être installé dans une solitude inaccessible.
>
> – Oui, répondit Lao Tseu, je suis allé m'ébattre à l'Origine de toutes choses. »
>
> Tchouang-Tseu

Nous venons de rendre compte de la structure géométrique de l'espace qui se dévoile lors des danses du mandala, reflet spatial d'un état psychologique d'impératif intérieur qui accorde au plan central le primat sur le milieu ambiant. Qu'en est-il du temps ? Le seul temps réel, pour l'être humain, est-il celui du passage ? Cette question est centrale dans les correspondances de Jung et de Pauli : pour le psychologue des profondeurs comme pour le physicien de la mécanique quantique, une temporalité autre, indifférente à l'avant et à l'après, existe à la fois au sein de la matière et de l'âme humaine – soubassement ontologique de la synchronicité.

A. L'EXPÉRIENCE DU TEMPS

L'on se souvient de la manière avec laquelle Saint Augustin ouvre sa réflexion sur le temps : « Qu'est-ce donc que le temps ? Si personne ne me pose la question, je sais ; si quelqu'un pose la question [...] je ne sais plus. »[229] Il y a une expérience du temps tout à la fois physique et psychologique – forme de connaissance empirique qui fait dire à Saint Augustin qu'il sait ce qu'est le temps, mais cette expérience, pourtant si ordinaire et si évidente, échappe à l'explication. La temporalité, dont nous faisons l'épreuve chaque jour, est celle de la succession, de l'écoulement, celle de l'instant qui demeure toujours sans être jamais le même, entre l'avant et l'après. Tripartite, la structure temporelle nous inscrit et nous maintient entre deux irréels, entre ce qui n'est plus et ce qui n'est pas encore – nous semble-t-il : avant même de vouloir dire ce qu'est le temps, n'y a-t-il pas une autre expérience du temps, plus originelle, qui, si elle n'est pas quotidienne, peut néanmoins s'éprouver spontanément ou à l'occasion de certaines pratiques, expérience d'un temps étranger à la succession ?

229Saint Augustin Confessions, XI, 14, 17.

L'on peut penser, par exemple, à la quête d'Ueshiba, d'une temporalité originelle qui serait celle de la coïncidence, temporalité qu'il découvre lors de son affrontement au sabre avec son « fantôme blanc », et qui fera ensuite l'essentiel de ses leçons d'armes comme en témoigne Takahashi Hideo dans son récit « Un avec l'univers ». Comme on l'a vu, l'agissement d'Ueshiba déconcerte ses élèves qui recherchent la succession des faits pour en comprendre le déroulement. « On ne pouvait dire, écrit Takahashi, si c'était la pointe de l'épée [d'Ueshiba] qui s'était élancée vers sa gorge, ou si c'était l'élève lui-même qui avait été aspiré vers elle. [...] Qu'est-ce que le maître avait bien pu faire ? Nous n'arrivions pas à savoir si Ueshiba avait évité le sabre de son partenaire, ou si c'était celui-ci qui avait avancé d'un pas. » Cette temporalité de la coïncidence est celle, selon Ueshiba, de la tradition martiale japonaise « authentique » ; tandis qu'il voit dans les « sports » occidentaux, largement adoptés par les *budoka* dès le début du XXe siècle, une pratique fondée sur la succession temporelle et le principe de réaction. Le texte de Takuan et sa corruption, lors de sa traduction en langues anglaise et française, semble lui donner raison. En niant le *ma*, c'est-à-dire l'entre-deux, Takuan soutient qu'il existe, au cœur de la durée, une temporalité de la simultanéité, qui transcende les catégories de l'avant et de l'après. Or, temporalité de la succession, d'une part, et temporalité de la coïncidence – de la synchronicité puisqu'il ne s'agit pas ici d'un simple hasard –, d'autre part, ne se vivent pas selon les mêmes modalités ni psychologiques ni physiques. Elles possèdent chacune leur propre phénoménologie. On va le voir : alors que la danse Contact Improvisation porte les signes de la « flèche du temps », la danse Kagura Mai, en manifeste l'absence.

A.1 La flèche du temps

Cette expression, « la flèche du temps », créée par Arthur Eddington, traduit notre sensation d'un temps qui s'écoule selon une direction que nous appelons le futur. Elle prend naissance dans le cadre de la thermodynamique : elle dit la tendance de tout système complexe à évoluer vers le chaos[230]. A l'inverse, pour les systèmes simples de la microphysique, il ne peut être question d'entropie. De sorte que les événements des systèmes simples ne comportent pas de direction temporelle privilégiée, c'est-à-dire de flèche du temps. En physique des particules, les événements peuvent effectivement se dérouler indifféremment dans un sens ou dans un autre. Le temps y est réversible alors qu'il se donne comme irréversible en macrophysique. « Le problème de la flèche du temps, écrit Basarab Nicolescu[231], a toujours fasciné les esprits. Notre niveau macrophysique est caractérisé par l'irréversibilité (la flèche) du temps. [...] En revanche, le niveau microphysique est caractérisé par l'invariance temporelle (réversibilité du temps). Tout se passe comme si, dans la plupart des cas, un film déroulé en sens inverse, produisait

230Le second principe de la thermodynamique de Rudolf Clausius stipule, en effet, que l'entropie d'un système fermé s'accroît au cours du temps. Autrement dit, l'accroissement de l'entropie révèle que le temps possède bien (ce n'est pas seulement une impression psychologique) une direction privilégiée qui est opératoire dans le déroulement des phénomènes physiques. Toutefois, il faut entendre cette direction privilégiée comme une grandeur statistique : l'entropie exprime, en fait, la tendance d'un système à évoluer vers des états de plus en plus probables à l'échelle des molécules – le désordre étant plus probable que l'ordre.

231Physicien théoricien au CNRS.

exactement les mêmes images que pendant le déroulement en sens direct. »[232]

En outre, cette indifférence, pour le temps de la succession en microphysique, n'apparaît pas uniquement à travers la réversibilité du déroulement des faits, mais aussi à travers certaines expériences qui semblent mettre en évidence qu'un événement du « présent » influence des événements « passés » ou plus exactement des événements qui, de notre point de vue, appartiennent au passé[233]. Ce constat expérimental nous paraît renvoyer à la définition que donnait Pauli de l'a-causalité de type physique. Il proposait à Jung de parler de « synchronicité » non seulement pour deux phénomènes se déroulant simultanément, mais également pour deux phénomènes se déroulant à des moments différents néanmoins liés immédiatement (de façon a-causale) entre eux. De plus, Pauli posait l'hypothèse pour tous les niveaux de la réalité

232B. Nicolescu, *La Transdisciplinarité*, Du Rocher.

233L'on peut évoquer à ce sujet l'expérience dite du « choix retardé » qui reprend l'expérience des fentes de Young, mais suivant un aménagement un peu différent. L'expérience du « choix retardé » qui avait été proposée tout d'abord par John Wheeler, a été réalisée en 2007 à l'ENS de Cachan par Jean-François Roch et ses collègues, dont Alain Aspect. Roch reprend donc l'expérience de Young en modifiant le dispositif de manière à ce qu'il lui soit possible de choisir, au dernier moment, soit d'observer les franges d'interférences de l'onde, soit d'observer la particule. L'expérience montre que la mesure, se réalisant derrière les fentes et à un moment où le « trajet » est déjà pour l'essentiel réalisé (environ 45 mètres), détermine néanmoins la façon dont les photons franchissent l'obstacle des deux fentes. Il y a donc une relation entre le moment du choix du type de mesure (événement numéroté 2 dans notre ordre temporel) et le passage de l'obstacle des deux fentes (événement numéroté 1). Ainsi, l'expérience semble mettre en évidence que le choix de l'observateur, dans une certaine mesure, « détermine » a posteriori la façon dont le photon passe l'obstacle – soit en tant que particule (elle le passe par l'une des deux fentes), soit en tant qu'onde (elle le passe par les deux fentes à la fois).

(tant nucléaire qu'astronomique ou humain) et pour les trois formes de la synchronicité (psychique, physique et mi-psychique mi-physique). De son point de vue, un tel lien impliquerait que le déroulement linéaire des événements puisse être un phénomène déterminé par un rapport atemporel fondamental des faits entre eux. De sorte qu'un événement présent pourrait « déterminer »[234], de manière a-causale, non seulement un événement futur, mais aussi un événement « passé ». Le bon sens rebute à imaginer une telle situation qui contredit absolument notre vécu temporel et causal quotidien. Néanmoins, cette forme de lien semble se manifester effectivement en physique des particules et conduit, par conséquent, à des interrogations fondamentales sur la nature du temps.

Alors que le temps de la macrophysique correspond au vécu temporel des hommes pour lesquels le temps passe, s'écoule, entraînant avec lui les faits sans qu'il ne soit jamais possible de remonter le cours des choses, de retourner dans le passé ou d'agir sur lui, le temps de la microphysique semble ne pas connaître une telle direction. Qu'est-ce qui est réel ? La réversibilité ou l'irréversibilité du temps ? La structure temporelle tripartite qui nous apparaît, au quotidien de nos existences, constituer avec évidence la trame du temps, ou celle que découvre le physicien dans son interaction avec le plan de la microphysique ?

234L'emploi du verbe « déterminer » est ici impropre. Mais du point de vue de notre inscription temporelle et spatiale, et à travers notre langage issu de la physique classique, nous sommes nécessairement conduits à des formulations paradoxales. C'est ainsi que Klein parle de « répercussion immédiate », concernant les particules intriquées. A proprement parler, l'on ne peut pas dire qu'il y ait répercussion de l'une des particules sur l'autre, mais *correspondance* entre deux particules – *indépendantes* (du point de vue causal) mais constituant un tout.

Au niveau de la réalité humaine, la flèche du temps apparaît clairement lorsque l'on filme un événement : l'œil fait la distinction immédiatement entre un film qui est projeté conformément au déroulement de l'événement et celui qui est projeté à rebours. Cela transparaît notamment à travers les attitudes et les déroulements gestuels – le rebours nous étant le plus évidemment indiqué par le fait que les personnes filmées marchent à reculons. A l'inverse, si pour les systèmes non complexes de la réalité microscopique, il n'est pas possible de discerner un sens temporel au déroulement des événements, c'est qu'il n'y a pas de *marqueurs* qui indiquent une flèche du temps.

B. Les marqueurs corporels du temps

La différence de nature, que nous venons de présenter, entre le temps linéaire, orienté et irréversible des systèmes complexes, d'une part, et le temps réversible et plus encore l'absence de temps (en tant que succession) tel qu'il s'observe en physique nucléaire, d'autre part, se retrouve, d'une manière comparable, dans l'esprit humain, selon Jung et Pauli. On l'a dit, de leur point de vue, les deux domaines, la physique et la psychologie, sont les *reflets* d'une structure psychoïde unique. De sorte que, si nous vivons ordinairement selon le mode de la succession temporelle, la psyché, dans ses profondeurs, vit sur une temporalité étrangère au temps linéaire. « Après avoir longuement envisagé d'un œil critique, écrit Pauli, de nombreux arguments et expériences personnelles, j'en suis venu à accepter l'existence de couches psychiques plus profondes qui ne peuvent être décrites de façon adéquate en gardant le concept habituel de temps. »[235] Chez Pauli, cette temporalité des profondeurs transparaît à travers ses rêves sous forme de symboles d'ondes, de vibrations, et d'horloges – et particulièrement à travers le rythme de la danseuse chinoise (la femme de couleur). Dans quelle mesure la danse du Kagura Mai (danse du mandala), qui exprime la structure « spatiale » des couches profondes de la psyché, peut-elle témoigner également de sa temporalité spécifique ? Adoptons la même méthode phénoménologique que nous avons suivie jusqu'ici pour traiter l'espace, à savoir relever et mettre en rapport les faits psychiques et les faits physiques.

B 1. Préoccupation et insouciance

On peut distinguer deux temporalités en comparant les dispositions psychologiques des Contacteurs et des danseurs du butō, d'une part, et a celle des danseurs du mandala, d'autre part. Comme on l'a dit, les premiers sont absorbés par le plan extérieur, tandis que les seconds sont happés par le plan intérieur, autrement dit les uns exacerbent (volontairement) leur attention tandis que les autres la relâchent (involontairement) au point d'oublier le monde environnant. Or ces deux attitudes psychologiques opposées – préoccupation pour les premiers, et insouciance pour les seconds – renvoient à deux inscriptions temporelles contraires. Alors que le souci témoigne d'un avenir toujours incertain, d'un moment toujours fluctuant ; l'insouciance – qu'exprime la marche à reculons, ou encore le non-choix – témoigne d'un futur toujours certain. L'on peut évoquer ici l'*homme fortuné* – qui se caractérise par son relâchement –, figure inverse

235Lettre de Pauli à Jung datant du 15 octobre 1938, *Correspondances*, p. 44.

chez Aristote de l'*homme prudent*. Si l'*homme prudent* modère sa spontanéité par un regard scrutateur et la réflexion, l'*homme fortuné* agit sans réfléchir, sans délibération et cependant sans se tromper. « De quelques côtés qu'ils s'élancent, écrit Aristote, ils réussissent sans réflexion ; et délibérer ne leur sert à rien, car ils ont en eux un principe qui est meilleur que l'intellect et la délibération, alors que les autres n'ont que le raisonnement, eux ne l'ont pas, mais ils sont habités par les dieux. »[236] Cette différence, de régime d'activité, témoigne donc chez Aristote de deux manières contraires d'habiter le monde, ou plus exactement de deux mondes différents : si l'homme prudent agit après délibération, c'est qu'il vit au sein d'un monde où l'avenir est incertain. Mais si la contingence est un fait, elle n'est pas de fait, l'homme est prudent par pis-aller, il lui manque la divination : « l'aptitude à une prompte divination, écrit Aristote [...], leur permet de voir l'avenir et le présent, et ce sont pourtant là des hommes dont le pouvoir de raisonner est relâché. [...] Car le principe agit d'autant plus fortement que le pouvoir de raisonner se relâche. »[237] La figure de l'homme fortuné vient ainsi rompre la partition claire des mondes supra- et sub- lunaires, séparation qui apparaît dès lors tenir moins de la physique que de la façon avec laquelle le sujet se rapporte à lui-même et à son environnement, c'est-à-dire de l'orientation de son regard : l'ordonnancement du monde céleste se retrouve dans l'agir toujours exacte de l'homme fortuné qui semble suivre un chemin tracé par avance. L'on peut alors faire un parallèle avec ce que nous observons en danse : le relâchement de l'attention des danseurs du mandala, leur

236Aristote, *Ethique à Eudème*, 1248 a 29-33. Voir *La prudence chez Aristote,* Pierre Aubenque, PUF, p. 78.
237Ibid.

absence de toute forme de délibération, de prudence, se manifeste par une trajectoire toujours précise et certaine, et par la coordination, vécue comme spontanée, du groupe (leur activité suit le principe du cercle). Il faut donc bien distinguer ce type de relâchement de la raison, qui est le signe de l'éternité, de celui des danseurs du Contact Improvisation ou du butō, que nous avons pris pour modèles de la danse contemporaine. En effet, s'ils délaissent eux aussi toute forme de délibération, de calcul, de réflexion, pour se situer dans l'instant, néanmoins ils le font dans l'incertitude (le souci, l'attention pour leur corps et le monde environnant) et leurs déplacements collectifs ne témoignent d'aucun ordre, mais au contraire du chaos.

B 2. Asymétrie et symétrie

Par ailleurs, comme on l'a déjà décrit, l'une des caractéristiques remarquables de la gestuelle des danseurs du Kagura Mai est l'absence de prédilection pour la marche vers l'avant – fait absolument récurrent et étonnant. Que ce soit lors de la danse avec un bō[238] ou sans, les mouvements se font indifféremment vers l'avant ou à reculons sans que cela implique un changement d'attitude, de posture, de direction du regard – ce fait, comme on l'a dit, constitue le signe le plus évident que la transe typique de la danse Kagura Mai est engagée. Dans une danse impliquant plusieurs personnes, certaines se déplacent spontanément (malgré leur volonté) vers l'avant, et d'autres à reculons, se croisant sans se regarder et sans pourtant se heurter, autrement dit *avec une exacte coïncidence*.

238Bâton long traditionnel.

Comment comprendre cette absence de prédilection pour le sens de la marche ? Certainement témoigne-t-elle du fait que les sensations extéroceptives, comme on l'a dit, ne sont plus à l'origine de l'activité du sujet : il ne réagit pas à ce qu'il voit, et semble être déterminé par un ordre intérieur qui implique une conformation géométrique de l'espace, comme le décrivent les danseurs.

L'atemporalité se manifeste dans le pas

Mais, la marche à reculons témoigne-t-elle également d'une certaine inscription temporelle ? Il faut remarquer qu'elle constitue (outre qu'elle témoigne d'un renversement de l'attention perceptive et au plus haut point de l'absence de calcul) la suppression de l'un des *marqueurs temporels* principaux de la « flèche du temps » de la vie humaine. Plus encore, les attitudes et les gestuelles des danseurs n'expriment pas de chronologie. Parmi les marqueurs corporels qui témoignent de l'absence de temps, on peut noter :

- L'absence de chutes.
- Les pas sont courts (souvent glissés) et ne trahissent donc pas de déséquilibres avant (comme c'est le cas dans les grands pas où le pied se soulève fortement du sol).
- La posture verticale ne rend pas non plus le sens du mouvement.
- Les relations entre les individus (lorsqu'ils se croisent par exemple) ne montrent pas les signes à partir desquels nous discernons ordinairement l'avant de l'après.
- En reculant, les danseurs ne regardent pas vers l'arrière.

- D'une manière générale, il n'y a pas d'adaptation qui serait l'effet d'un autre événement – ce qui indiquerait alors un déroulement temporel (les signes d'adaptation, de réaction, d'anticipation, comme les changements de rythmes).

Ainsi, l'absence générale de marqueurs temporels, particulièrement la non-prédilection pour la marche vers l'avant, permet de lire la scène à rebours sans que cela soit perceptible. Par ailleurs, si l'on considère l'ensemble du système que forment les danseurs dans leur espace d'évolution, c'est le système lui-même, dans sa dynamique, qui n'indique pas de sens d'évolution, et donc ne témoigne pas de la flèche du temps : en effet, comme les déplacements sont de nature circumambulatoire, il n'y a pas de lieux marqués, de lieux à atteindre, ni de moments qui constitueraient une sorte d'aboutissement de la danse.

La symétrie temporelle du geste

On assiste ainsi à une symétrie temporelle qui s'installe de manière non seulement involontaire, mais aussi inconsciente. En examinant des séquences anciennes, datant d'environ dix ans, nous nous sommes aperçus que cette atemporalité s'était déjà installée – c'est dire combien ce phénomène s'est réalisé à l'insu de tous les participants ! Quel est alors le processus qui est à l'origine d'une telle manifestation échappant non seulement aux intentions, mais encore aux consciences ? Pour y répondre, il faut mettre en relation cette motricité sans marqueurs temporels avec la configuration géométrique de l'espace.

C. Atemporalité et géométrie spatiale

Examinons de plus près le rapport entre atemporalité et géométrie spatiale. Comme on l'a déjà évoqué, en analysant les séquences dansées, l'on se rend compte que les déplacements suivent des angles droits par rapport à l'espace scénique (90°, 180° et plus rarement 45°), lui-même de forme rectangulaire. On peut dès lors supposer que cette géométrisation de l'espace contribue à coordonner les mouvements de la totalité du groupe. Remarquons deux façons qu'ont les danseurs de se croiser : soit, ils se croisent en se situant sur des *couloirs parallèles*, de sorte que, se croisant de dos sans se regarder, ils ne se heurtent pas ; soit, ils se croisent dans les angles de la scène. Là encore, leurs mouvements répondent toujours au même principe : quand les deux corps sont l'un devant l'autre, ils pivotent tous les deux simultanément à 90°, puis ils s'éloignent l'un de l'autre, soit à reculons soit en avançant, mais toujours en suivant des chemins parallèles aux bords de la scène. L'on voit ainsi qu'il y existe un rapport entre la structure géométrique de l'espace qui s'impose, de manière inconsciente, à chacun des danseurs et le fait que leur coordination motrice ne soit pas marquée temporellement. Autrement dit, la configuration géométrique de l'espace permet un ordonnancement du collectif sans que les danseurs aient besoin de se regarder pour se coordonner, *la disparition du regard dirigé constituant la suppression d'un marqueur temporel.* – Nous avons donc là, un processus inconscient qui efface les traces du temps.

Toutefois, l'organisation géométrique ne peut expliquer, nous semble-t-il, à elle seule la coïncidence des déplacements, et, d'une manière générale, l'absence de marqueurs temporels, puisqu'en effet cette géométrie de l'espace n'est pas construite sciemment. Par exemple, ils ne s'accordent pas pour choisir tel ou tel couloir, et pour en changer à tel ou tel moment. (Ils n'ont d'ailleurs pas conscience de suivre des couloirs spécifiques.) Certaines séquences très complexes, avec quatre ou cinq danseurs, semblent bien contredire l'hypothèse d'une régulation par une géométrie primaire de l'espace. L'on pourrait affirmer, à l'inverse, que cette architecture géométrique spontanée dépend, et donc témoigne elle aussi, de l'absence d'une temporalité linéaire (fondée sur l'avant et l'après), c'est-à-dire de l'existence d'une atemporalité primaire sous-jacente à l'écoulement du temps.

D. Le temps de l'inconscient

L'expérience du temps et de l'espace de ce plan fondamental, que dévoile ici la danse Kagura mai (du mandala), s'oppose donc à notre vécu quotidien. « Le temps subjectif, écrit Étienne Klein, est manifestement irréversible. Contrairement à l'espace, censé être isotrope, il a un sens privilégié d'écoulement. [...] Le temps psychologique est fléché. »[239] L'expérience de la danse Kagura Mai nous semble indiquer, au contraire, que pour les couches profondes de la psyché, la distinction entre l'espace intérieur (psychique) et l'espace extérieur (physique) n'existe pas. Et cette non-dualité se manifeste par une *inversion du vécu spatio-temporel* ordinaire (gouverné par la dualité des sphères physique et psychique) : alors que le temps est orienté et l'espace isotrope dans le plan de la vie quotidienne ; dans ce plan, dont la danse du mandala est le reflet, l'espace est orienté, et le temps perd les marques de sa direction.

239E. Klein, *Le temps*, Flammarion, 1995, p. 24.

E. Architecture d'une séquence dansée

Résumons ce que nous avons dit de l'architecture de la danse du mandala, tant sur le plan spatial que temporel. Le geste spontané (autonome) s'y caractérise par un ordonnancement général de nature géométrique. Cet ordonnancement géométrique, qui échappe tout à fait à la conscience des sujets impliqués, repose sur un principe de symétrie – symétries de posture et de déplacement. L'illustration ci-après montre deux danseurs, dans les angles arrière gauche et arrière droit, en relation symétrique : comme le représentent les schémas, pendant toute la séquence, leurs déplacements sur la scène sont restés parfaitement en correspondance selon une symétrie axiale (dans l'axe de la rosace).

Le cliché les montre en train de reculer en longeant le bord arrière de l'espace scénique. Ils vont se croiser au centre, devant la rosace, et échanger ainsi de zone – de sorte que la symétrie axiale est gardée. La scène ne comporte pas les marqueurs corporels de l'écoulement du temps : les déplacements se font soit en avançant soit en reculant, et les croisements simultanément de dos, le regard restant toujours dirigé vers l'avant ; aucune attitude ne trahissant un processus d'adaptation, la scène est réversible temporellement.

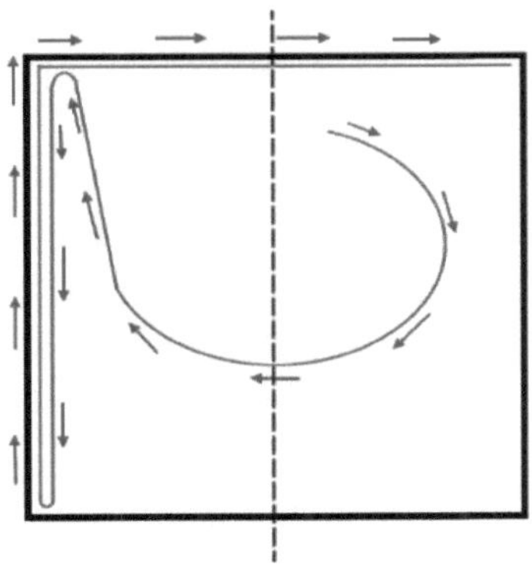

Parcours de Robin

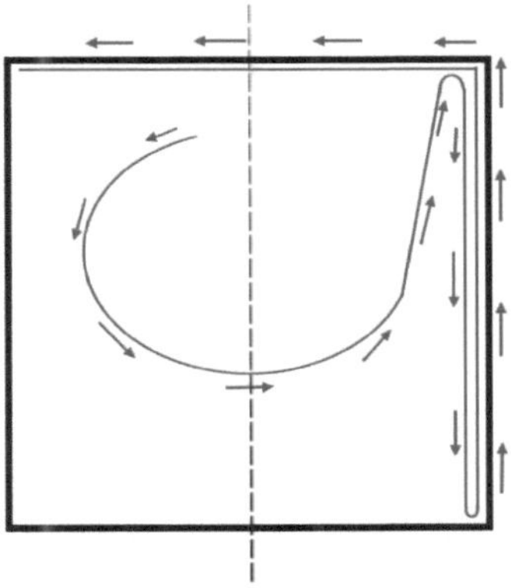

Parcours d'Amélie

« Nous ignorons que nous sommes un, comme des visages tournés vers l'extérieur, qui à l'intérieur se rattacheraient à un sommet unique. »
Plotin.

La symétrie des postures, des rythmes et des déplacements, semble ainsi indiquer plutôt une temporalité de la coïncidence ou, pour le dire avec Jung et Pauli, une temporalité de la synchronicité – puisqu'en effet, chez eux, la synchronicité relève du principe de symétrie qui est lui-même l'expression d'un centre ordonnateur unique (L'Un avant la dualité). Une forme de synchronicité physique peut donc s'observer ici, de manière répétée, à travers le corps en mouvement dans le microcosme de cet espace scénique, et peut, par conséquent, être objectivée et quantifiée.

Être auprès de soi et ne plus être soi-même

En fin d'atelier, Robin, en regardant le film de cette séquence, s'est étonné de ses propres mouvements, de leur géométrie, et surtout du fait qu'ils correspondent à ceux d'Amélie. Il n'en avait eu aucunement conscience lors de la danse : « Pendant tout le déroulement de la danse, je suis incapable de savoir à quel endroit je me trouve »[240]. Il m'a posé alors cette question : « Quand pourrai-je faire ça par moi-même ? » Son étonnement et sa question disent le paradoxe de cette spontanéité autonome que nous essayons de cerner. D'une part, elle correspond à un état psychologique lors duquel l'individu se sent isolé, hors du monde, dans un rapport à soi qui exclu l'environnement et faisant une gestuelle qu'il ressent comme provenant de lui-même. D'autre part, il ne peut avoir accès par lui-même à ce lui-même, à ce degré de concentration, à l'origine de cette gestuelle qui le traverse. Paradoxalement, il ne peut avoir accès à cette part de lui-même que par le truchement d'autrui, du coryphée non agissant, au sein d'un collectif

240Entretien avec Robin Delanssays, voir *Être parmi les choses*, Cénacle, 2016. (Actes de la journée d'étude de Lille3).

essentiel. La remarque de Robin nous renseigne sur l'état de dissociation dans lequel il se trouvait lors de la danse, dissociation qui le mettait hors de lui-même et en même temps ouvrait et faisait s'exprimer une autre partie de lui ordinairement enfouie. Ici, le mouvement individuel s'enracine-t-il alors dans l'*unus mundus* ? « Unus Mundus : « monde un », où l'esprit est déjà corporalisé et le corps spiritualisé ; de ce fait, monde de l'âme et du corps subtil qui lui est attaché, et où l'âme se définit comme un intermédiaire (topographiquement), et médiatrice (dans sa fonction dynamique), entre la matière et l'esprit, entre le Même et l'Autre. »[241]

F. Atemporalité de la psyché selon Pauli

« Celui pour qui le temps est comme l'éternité
Et l'éternité comme le temps
Celui-là est libéré de tout conflit. »

Jacob Bohem

Dans *Psychologie et religion*, Jung analyse l'un des rêves de Wolfgang Pauli. Ce rêve, numéroté 9, décrit une espèce d'horloge qui exprime, selon Jung, la temporalité de l'inconscient. Il s'agit d'une « horloge à balancier, qui fonctionne perpétuellement, sans que le poids ne descende. » L'absence de résistance signifie qu'elle se rapporte à un plan métaphysique (dans un sens psychologique). Ce qui soulève la question de savoir « si le phénomène psychique s'exprimant dans le mandala est

241M. Cazenave, *Jung Revisité*, p. 75, note 2.

soumis aux catégories du temps et de l'espace. Et ceci se réfère à quelque chose de si différent du moi empirique que le fossé entre les deux est difficile à combler ; en effet, cet autre plan de la personnalité se situe sur un autre plan que le moi, au contraire de ce dernier, il possède la qualité de l'« éternité », c'est-à-dire d'une relative atemporalité. »[242] L'on peut tenir les données (psychologiques, physiques, spatiales et temporelles) de la danse Kagura Mai (du mandala) que nous avons relevées comme des signes de cet « autre plan de la personnalité ». Une étude systématique de cette danse nous permettrait sans doute de préciser nos strates temporelles dont l'emboîtement représente une espèce de « mandala temporel » selon l'expression de Michel Cazenave.

IV. Structure inconsciente du mouvement

A. Trois plans du vécu psychophysique

Nous sommes en mesure à présent de dégager trois plans d'existence imbriqués les uns dans les autres, et ainsi de faire l'hypothèse d'une structure inconsciente du mouvement. Chacun de ces plans se caractérise par des sensations et un mode d'activité particuliers, ainsi que par une spatialité et une temporalité spécifiques. Nous nommons ainsi le plan d'existence ordinaire, « plan secondaire » ; le plan d'existence révélé par la danse du mandala, « plan primaire »[243] ; et enfin, le plan révélé en

242C.G. Jung, *Psychologie et Alchimie*, Albin Michel, p. 138.
243L'on peut remarquer que cet état psychophysique, dans lequel se trouvent les danseurs du mandala (Kagura Mai), ne procède pas

creux et incarné par le coryphée, « plan central ». Le vécu du plan secondaire est donc celui qui nous est ordinaire, mais dont les caractéristiques sont mises en évidence par contraste avec celles du plan primaire et du plan central. Le plan primaire se caractérise, notamment, par des sensations proprioceptives et intéroceptives faisant signe vers un centre non égologique, impersonnel (contrairement au vécu du plan secondaire dont les sensations internes semblent indiquer un centre égologique), par un amenuisement, une disparition presque totale, de la conscience des alentours, au profit d'un éclaircissement des profondeurs ; par l'absence complète de délibération, de choix (et donc d'hésitation), et de volonté ; et par une coordination motrice particulière : glissement des pieds sur le sol, redressement du corps (bascule du bassin et étirement de la colonne vertébrale, avec un aplanissement de ses courbures), marche indifféremment vers l'avant ou à reculons – et par un ensemble de marqueurs corporels qui témoignent d'une temporalité indifférente à l'avant et à l'après, et de la synchronicité.

B. Voilement et dévoilement des plans

Le basculement d'un plan à l'autre (le voilement (devenu inconscient) et le dévoilement (devenu conscient) de ces plans) semble lié à l'attention et à l'intention portées sur les objets de la sensibilité. Le plan du vécu ordinaire (plan secondaire) disparaît (se voile) dès lors que le sujet opère une *conversion.* L'origine impersonnelle du

d'ajouts, mais au contraire de suppressions d'éléments, de sorte qu'il faut le considérer comme étant fondamental et, donc, ordinairement sous-jacent.

mouvement se trouve alors dévoilée. Soulignons encore que l'apparition du plan primaire s'effectue involontairement et indépendamment des sujets eux-mêmes : ils sont « saisis » intérieurement (évacuation complète de la volonté) en même temps que les sensations extéroceptives s'amenuisent. L'apparition du plan secondaire s'effectue également involontairement : ils se sentent « dé-saisis» (réapparition de la volonté et de la sensation d'un mode d'activité personnel), retour de la primauté des sensations extéroceptives. Ce qui corrobore la thèse de Jung selon laquelle la volonté est objective, c'est-à-dire qu'elle se donne au sujet indépendamment de lui. Il la reçoit. « Il existe, il est vrai, des contenus psychiques qui se produisent ou sont causés par un acte antérieur de volonté. [...] Mais en soi, la volonté, comme le sujet voulant lui-même, est un phénomène reposant sur une substructure inconsciente. »[244]

244C.G. Jung, *Psychologie et éducation*, Buchet-Chastel, 1995, p. 52.

Symétrie (et discontinuité) des plans

Plan primaire	Plan secondaire
Spontanéité autonome	Spontanéité hétéronome
Prédominance des données proprioceptives et intéroceptives	Prédominance des données extéroceptives
Non-délibération et non-choix	Délibération et choix
Absence de marqueurs temporels Réversibilité du déroulement des moments Temporalité de la simultanéité (coïncidence)	Flèche du temps Irréversibilité du déroulement des moments Temporalité de l'écoulement (moment opportun)
Instant inclusif	Instant exclusif
Unité espace intérieur - espace extérieur Espace géométriquement ordonné (champ)	Dichotomie espace intérieur/espace extérieur Espace neutre et ouvert (étendue)
Pas d'adaptations à l'environnement	Adaptations à l'environnement
Symétrie spontanée des positions et des postures	Pas de symétrie spontanée des positions et des postures
Unité corps-esprit	Dichotomie corps/esprit
Marche vers l'avant ou à reculons indifféremment	Forte propension à la marche vers l'avant
Acausalité, synchronicité	Causalité
Présence (immanente ou transcendante) du plan central	Absence du plan central
Pas de choses	Choses
Soi, « ça » ou « nous »	Moi, « je »

Ainsi, la constitution du plan secondaire dépend de l'oubli du plan primaire et du plan central, oubli lui-même corrélé à la fascination et au souci engendrés par les choses sensibles. Voilement et dévoilement des plans échappent donc à la volonté puisque celle-ci fait son apparition au sein du plan secondaire, avec l'émergence d'une spontanéité hétéronome. Exclusion mutuelle : les deux plans entretiennent ainsi une relation de complémentarité (au sens de Bohr), c'est-à-dire d'exclusion mutuelle ; la prise de conscience de l'un empêche celle de l'autre.

C. De l'espace primaire à l'espace sacré

Nous nous proposons à présent de développer notre hypothèse (de trois plans psychophysiques imbriqués) au regard de la phénoménologie du sacré pour ensuite aborder la question de l'espace scénique – alors que les danseurs contemporains appréhendent l'espace limité de la scène comme une enclave à la spontanéité du corps, nous soutiendrons au contraire qu'il lui est conforme et, plus encore, qu'il est indispensable pour que la part essentielle du corps puisse se révéler.

L'expérience « mentale et existentielle propre au sacré » se caractérise par la sensation de la présence d'une puissance, de quelque chose d'infini. Selon Rudolf Otto, la perception de cette puissance renvoie à une structure a priori qui la détermine. Il s'agit d'une « structure émotionnelle a priori, le *numinosum*, écrit Wunenburger, qui se rapporte à l'impression qu'a la conscience d'être conditionnée par une force indépendante de sa volonté, le

Tout Autre. »[245] Nous avons pu décrire, en suivant l'expérience de la danse du mandala, un niveau intérieur où le moi se perd pour être remplacé par un moi non-moi qui se donne concrètement par la perte de la volonté (de la possibilité même du choix, et donc de la délibération, de la décision), et qui conduit le sujet à remplacer, dans ses énoncés descriptifs, le « je » par un « ça » (« ça bouge »).

Nos observations nous ont permis également de décrire un ressort vital (l'essence de la spontanéité autonome) qui se manifeste par le redressement des corps et par l'architecture de l'espace conforme à celle des espaces sacrés. D'une manière générale, l'érection est, en effet, l'un des éléments constitutifs de la dimension posturale et motrice du plan primaire. Ce redressement est tel qu'il se vit comme une attraction céleste – particulièrement à la place du centre où le bâton et les corps se dressent (*lorsque le coryphée s'est retiré*) en une parfaite verticalité. « Le bâton, décrit Jennifer Stanislawski, s'est positionné à la verticale. Je sens qu'il est attiré vers le haut [...], et je suis obligée de me mettre sur la pointe des pieds. » De même, pour Stéphanie Ribery, « cette sensation, de verticalité du bâton, demeure très présente : j'ai l'impression que le bâton est tiré vers le ciel et ça m'étire, comme si j'allais devoir monter plus haut que mon corps ne le peut. » C'est à travers le mouvement de son corps, dont il ressent la dépossession par une grandeur intérieure (qui dépasse les limites corporelles) que le danseur du mandala fait l'épreuve de la sacralité : son intériorité se révèle être une ouverture, et la source d'une vitalité merveilleuse le déterminant de fond en comble.

Le plan primaire se caractérise, d'une part, par son espace orienté – organisation géométrique répondant à un principe de symétrie, se manifestant par des directions

---

245Ibid., p. 9.

privilégiées, des espaces infranchissables, des couloirs nécessaires et par une tendance irrépressible à la circumambulation ; il se caractérise, d'autre part, par son atemporalité – absence de marqueurs temporels. Il renvoie ainsi à la configuration des espaces sacrés (espaces circulaires infranchissables, interdits de direction, circumambulation) qui symbolise la vie éternelle, en rupture avec le temps de la vie profane. Si « pour l'expérience profane, écrit Mircéa Eliade, l'espace est homogène et neutre. [...] Pour l'homme religieux, l'espace n'est pas homogène. »[246]. Mais alors que les espaces sacrés sont le fait de constructions symboliques, les configurations du plan primaire se déploient d'elles-mêmes, d'une manière vitale, silencieuse et spontanée, ne requérant pour s'imposer aucune puissance extérieure, mais simplement une instance intérieure (« *ça* bouge », « *ça* s'arrête »), tout aussi objective et plus impérieuse néanmoins. La dynamique circumambulatoire qui caractérise l'espace primaire se retrouve dans tous les rituels sacrés. On retrouve ce rituel de la procession chez les chrétiens ou encore dans les sanctuaires celtes préromains[247], comme le relève Claude Sterckx. Ce constat le conduit à faire l'hypothèse de transmissions culturelles.

246M. Eliade, *Le sacré et le profane*, Folio, 1987, p. 26.

247Dans l'étude qu'il consacre aux mythes préchrétiens, *Trace de mythes préchrétiens dans la légende de Locronan ?*, Claude Sterckx réfléchit sur la coutume chrétienne de processionner autour d'un certain territoire. De son point de vue, elle prolonge des « pratiques extrêmement anciennes et bien antérieures au christianisme ». « Cette symbolique, écrit-il, paraît être la réitération d'un acte créateur » : « En mode mythologique, le dieu créateur fait le tour du monde (ou du microcosme) qui en tient lieu ; en mode hagiographique, le saint fait le tour de son « monde » ». Sterckx note par ailleurs que chez les Celtes, l'architecture des villes, de « tous les microcosmes » suivent un principe quinaire : quatre quartiers subsumés par un cinquième au centre.

Mais de telles hypothèses nous paraissent secondaires puisque la circumambulation est inscrite, comme on l'a vu, non seulement dans nos esprits, mais encore dans nos corps, non seulement individuellement, mais encore collectivement – à la manière d'un instinct toujours susceptible de s'exprimer. Essentiellement, une telle coutume n'est pas la reprise d'un acte, mais bien la résurgence d'une vitalité originelle. Ces configurations de lieux nous montrent, en réalité, comment tout un genre architectural est la manifestation de notre structure psychophysique inconsciente, arrière monde fondateur de notre corps. Aussi retrouve-t-on également la pratique de la circumambulation dans certains rituels du bouddhisme où le moine tourne autour [pradaksina] d'une statue du bouddha, dans l'islam où le pèlerin tourne autour de la kaaba à La Mecque, ou encore dans le judaïsme, sous le nom de *haqqâfâh*[248].

Par ailleurs, les analyses que fait Mircéa Eliade, quant à la place accordée par l'« homme religieux » aux configurations de l'espace sacré par rapport à l'espace profane, renvoient là aussi à la situation du plan primaire par rapport au plan secondaire : c'est l'espace géométriquement et spontanément ordonné du plan « primaire » que nous trouvons sous-jacent et fondateur de l'espace secondaire ouvert et isotrope ; et c'est l'atemporalité que nous trouvons à la fondation du temps historique. Les rituels sacrés nous semblent ainsi reproduire, d'une manière symbolique, à la fois la discontinuité et la hiérarchie des plans primaire et secondaire.

Revenons plus spécifiquement aux danses japonaises Kagura. Dans son article « l'espace de la fête », Gérard

---

248P. B. Fenton, *Le symbolisme du rite de la circumambulation dans le judaïsme et dans l'islam*, Persée.

Martzel note que « nul ne sait en quoi consistait le *matsuri*[249] primitif ». Une transformation des *matsuri* s'est en effet opérée au fil du temps, procédant d'un souci esthétique : « le souci esthétique, caractéristique de la mentalité japonaise, a contribué à réduire l'importance de certaines pratiques rituelles [...] la consultation oraculaire a pratiquement disparu à la Restauration Meji, au moins sous la forme de la possession divine, *kami-gakari*. »[250] L'état de kamigakari n'apparaît donc plus comme la condition de la danse qui devient une construction – par opposition à la *spontanéité* du kamigakari – d'ordre symbolique. Cette construction se montre particulièrement dans les rituels d'ouverture de l'espace sacré en distinction à l'espace domestique ou mondain : « les rites de recréation du mode de l'an neuf, écrit Martzel, ouvrent symboliquement " les portes de l'espace " sur le carré de l'air de danse. »[251] Si ce rituel complexe fait appel à différents objets et met en œuvre des paroles propitiatoires, on peut relever ici la manière avec laquelle l'espace est investi pour être structuré : « Il s'agit, ensuite, de tracer les limites de l'espace symbolique sur lequel viendront se manifester les divinités évoquées. […] Une double circumambulation matérialise le découpage de l'espace festif. Negi en tête, la file des officiants en parcourt à pas lents le périmètre. [...] Le rite suivant est dit de « l'édification du mont », *yamatate*. Par les soins du *Negi*, des branches de *sakaki* sont attachées aux quatre coins de l'aire de danse ; c'est au centre de ce carré de

249Il faut préciser que si *matsuri* désigne aujourd'hui une « fête » au sens large (*biiru matsuri*, la fête de la bière, par exemple), à l'origine le terme possède un sens religieux.
250Gérard Martzel, « L'espace de la fête », *Pratiques et représentations sociales des Japonais*, L'Harmattan, 1993, p. 164.
251Ibid., p. 172.

feuillage que la montagne symbolique se dressera. »[252] L'on retrouve ici les caractéristiques relevées lors de la danse kagura Mai : *aire carrée, circumambulation périphérique, marquage des bordures, des coins et du centre*. On peut encore évoquer le rituel de la danse propitiatoire *gaku no mai* qui s'effectue à l'aide de baguettes de bois : « Sur un rythme binaire, il foule d'abord l'aire de danse en tendant les baguettes horizontalement dans les cinq directions, le centre étant devant le chaudron. La danse est renouvelée sur un rythme ternaire, les baguettes successivement tendues vers le plafond et vers le sol. [...]. »[253] Si l'ordre de ce rituel n'est pas identique à l'ordre spontané de la danse Kagura Mai, il reste néanmoins que l'on observe également une circulation horizontale du bâton en délimitation de l'espace scénique et des positionnements verticaux dans les coins et au centre. Gérard Martzel souligne que si l'on peut aujourd'hui observer et décrire ces constructions symboliques de l'espace, l'origine du rituel dans ses détails est perdue. Selon nos observations, la présence du sacré est directement liée à la pratique de la spontanéité (autonome), puisqu'elle suppose de se tourner vers un centre intérieur. Et c'est en vertu de ce retournement que la géométrie de l'espace sacré se révèle. A l'inverse, en accordant une place première à l'adaptation, en ne comprenant plus la spontanéité que dans son caractère d'hétéronomie, l'individu devient incapable de faire l'expérience d'une spontanéité originelle. Ne serait-ce pas alors à cause de ce changement de direction du regard que les rituels sacrés sont dévitalisés, compris comme des symboles, et non à travers l'émergence de la vitalité originelle et de ses schèmes corporels ?

252Ibid., p. 174.
253Ibid., p. 175.

D. LA RÉCURRENCE DU CERCLE EN DANSE

La figure du cercle est récurrente dans toutes les formes de danses (sociales, rituelles et artistiques). « [Le cercle] semble, en apparence, indifférent, écrit Aude Thuries, aux divers espaces physiques et culturels dans lesquels la danse prend place, comme si l'émergence du cercle dans les figures dansées paraissait répondre à un impératif transcendant les catégories annoncées. »[254] En réfléchissant à cette présence du motif circulaire, Thuries souligne qu'il est « éminemment associé dans la danse à des origines sacrées ». Elle formule l'hypothèse que c'est l'observation de la course des astres qui incita les Anciens à danser circulairement. « L'hypothèse peut être assez raisonnablement avancée, si l'on prend en compte le fait que nombre de danses sacrées, aujourd'hui encore, sont organisées en circumambulation. »[255] Thuries suppose donc une origine sensible à la circumambulation dansée : en *observant* leur course, les hommes auraient *imité* les corps célestes. L'expérience dansée du mandala nous permet de formuler une hypothèse contraire. Elle nous montre en effet comment le cercle et la circumambulation apparaissent spontanément dès lors que l'attention du sujet est tournée[256] vers le plan central et s'absente par conséquent du plan extérieur. A l'inverse de l'hypothèse de Thuries, nous soutenons que c'est une grandeur intérieure objective qui surgit et active le schème corporel du cercle lors des expériences sacrées « authentiques » – ensuite viennent les imitations, les reprises symboliques lors des rituels, l'expérience première étant perdue.

254A. Thuries, « Le mouvement circulaire, du rite au ballet », *Le mandala et ses figures dans la modernité artistique*, DEMeter, Lille3.
255Ibid.
256Une *absorption* de toute la conscience vers le plan central.

E. Rêves de circumambulation chez Pauli

Pour appuyer notre hypothèse de la présence essentielle du mouvement circulaire dans la psyché, l'on peut évoquer quelques-uns des rêves de Pauli parmi ceux que Jung analyse dans *Psychologie et alchimie.* Plusieurs traitent de la danse et de la circumambulation. On peut en retenir quatre[257]. Ces rêves permettent de faire le lien entre les circumambulations rectangulaires et circulaires[258].

> Rêve 16 : « Bien des gens sont présents. Tous font le tour d'un carré en allant vers la gauche. Le rêveur n'est pas au milieu, mais sur l'un des côtés. On dit qu'on veut reconstruire le gibbon. »

> Rêve 51 : « Il règne une grande tension. De nombreuses personnes circulent autour d'un grand rectangle central et quatre petits rectangles placés sur ses côtés. La circulation se fait vers la gauche autour d'un grand rectangle et vers la droite autour des petits rectangles. »

> Rêve 52 : « Une salle de danse rectangulaire. Tout le monde se déplace à la périphérie, de droite à gauche. Soudain retentit un commandement : « Aux noyaux ! » Mais le rêveur doit d'abord aller dans la pièce à côté pour casser quelques noix. Puis les gens descendent à l'eau le long d'échelles de corde. »

> Rêve 53 : « Le rêveur se trouve dans une pièce carrée vide qui tourne. Une voix crie : « Ne le laissez pas sortir. Il ne veut pas payer l'impôt. »

257L'on pourrait en citer d'autres. Le cercle, le carré (symbolisé par un square, par un jardin avec une fontaine au centre), ou un carré associé à un mouvement circulaire (des personnes qui marchent en rond autour d'un carré ou le rêveur qui fait le tour d'un espace carré en taxi) se rapportent chez Pauli à la transformation du «gibbon », l'intégration du corps. Voir *Psychologie et religion.*

258C.G. Jung, *Psychologie et alchimie*, Buchet/Chastel, 2004, p. 162.

Le rêve 16 est le premier des rêves de Pauli dans lequel apparaît la figure du carré. Jung, qui analyse chacun de ces rêves en fonction de la dynamique de leur ensemble, considère que la forme carrée est une métamorphose de celle du cercle – ce qui renvoie à la problématique de la quadrature du cercle qui « a préoccupé les esprits du Moyen Âge au même titre que le *lapis* », c'est-à-dire à la problématique du passage de l'unité première et indifférenciée (symbolisée par le cercle) à l'unité différenciée des quatre éléments (manifestée par le carré). Il interprète la circumambulation autour du carré comme une étape sur le chemin vers l'inconscient, jusqu'au Centre.[259] Le cercle apparaît ainsi comme étant l'origine du carré. A l'inverse, la circumambulation en carré apparaît comme étant une étape vers le centre, si l'on considère le processus ascétique.

Dans le rêve 16, le rêveur ne se situe pas dans l'espace central, mais en dehors, dans l'antichambre du carré. Le rêve indique cependant qu'il lui faut parvenir au centre. Pour cela, « on veut reconstruire le gibbon ». On reconnaît là le thème de la renaissance. Dans *Psychologie et alchimie*, Jung souligne que le gibbon représente l'homme instinctif, l'anthropoïde, qu'il s'agit de « reconstruire ». Ce qui signifie proprement que parvenir au centre exige une rectification de la complexion totale intégrant la nature corporelle et instinctive. Jung reprend encore l'analyse du rêve de Pauli dans *Psychologie et religion* en précisant que « la reconstruction du singe signifie la restitution de la personnalité instinctive dans le cadre de la hiérarchie du

---

259Dans les scolies du *Tractatus aureus* il est écrit : « le carré est le secret des savants. » L'illustration montre au milieu du carré un cercle avec des rayons. Le cercle du milieu est appelé « médiateur, qui fait la paix entre les ennemis, c'est-à-dire entre les éléments, et il est même le seul à réaliser la quadrature du cercle. » *Tractatus aureus,* p. 43, cité et traduit par C.G. Jung.

conscient. »[260] Ce qui se comprend par le fait que le centre est le lieu de l'unité des opposés où croissent à la fois la nature psychologique et la nature corporelle de la complexion humaine. Selon lui, il s'agit là d'un mystère dionysiaque. Ce processus de renaissance prend donc pour principe la circumambulation : « Afin que cette métamorphose ait lieu, il est indispensable qu'on procède à la *circumambulatio*, c'est-à-dire à la concentration exclusive sur le centre, lieu de la transformation créatrice. »[261]

L'on retrouve, dans le rêve 51, le thème de la circumambulation autour d'un rectangle. Le rêve indique un sens de circulation différent dans les petits rectangles. L'eau désigne l'énergie vitale – dont la différenciation correspond aux fonctions. Se pose alors la question « angoissante » de savoir si l'énergie vitale du sujet suffira pour que le processus arrive à son terme – c'est-à-dire parvenir au centre symbolisé par l'étoile. Il faut remarquer, comme le fait Jung, que l'espace d'évolution est un quadrilatère en forme de rectangle, et non de carré, ce qui lui fait dire qu'« il s'agit donc d'un mandala perturbé ». En effet, dans la figure du rectangle, le centre n'est pas le point de symétrie, à partir duquel les quatre fonctions apparaissent comme des polarités équilibrées. Dans le rêve suivant, rêve 52, l'espace d'évolution se présente encore sous la forme d'un rectangle, mais qui va se transformer dans le rêve 53 en un quadrilatère de forme carrée. Ce passage du rectangle au carré exige un enfouissement plus grand dans les profondeurs, une descente qui commence à s'opérer à la fin du rêve 52 – « puis les gens descendent à l'eau le long d'échelles de corde ». Il s'agit de s'immerger dans l'énergie vitale des profondeurs, dans la source,

---

260C.G. Jung, *Psychologie et religion*, 1996, p. 72.
261Ibid., p. 192.

conformément à l'injonction entendue dans le rêve : « Aux noyaux ! » Le rêve indique clairement que, lors de la circumambulation autour de la scène rectangulaire, les danseurs ne peuvent atteindre le centre en « traversant » l'espace. Pour y parvenir, il leur faut opérer un mouvement de descente, d'enfouissement plus grand dans l'inconscient. Dans le rêve 53, le rêveur est parvenu à entrer dans l'espace carré, mais celui-ci tourne sur lui-même. Il s'agit de toute évidence de la réalisation de la quadrature du cercle. Il doit à présent « payer l'impôt ». Ce qu'il faut entendre ici par l'impôt est expliqué dans un rêve ultérieur dans lequel le sujet entend une voix : « Ce que tu fais est dangereux. La religion n'est pas l'impôt que tu dois payer pour pouvoir te passer de l'image de la femme, car cette image est indispensable. » Payer l'impôt peut renvoyer à une prestation de caractère concret ou symbolique. Saisir le centre et s'y tenir exigent d'intégrer la vie tout aussi bien psychique que physique dans ses multiples dimensions comme l'indique l'expression « la plénitude de la vie » – ce qui comprend l'image de la femme (le corps). Dans le rêve 52, il est encore question du corps à travers le thème de la danse : la salle est qualifiée de « salle de danse ».

Il est tout à fait remarquable que les contenus, la structure et la dynamique de ces images oniriques se retrouvent dans la danse Kagura Mai, cela témoigne sans doute de leur objectivité : les archétypes qui surgissent *spontanément* dans les rêves du physicien, en s'imposant à son esprit, surgissent spontanément de la même manière dans la danse Kagura Mai, en s'imposant aux corps des danseurs. Parmi les éléments communs, retenons la description que fait Pauli de la salle de danse « où tous font le tour d'un carré en allant vers la gauche » ; et le passage de l'aire rectangulaire à l'aire carrée, comme étant le passage d'une structure perturbée à une structure équilibrée. Relevons encore que, comme dans les rêves de Pauli, lors de la danse Kagura Mai, le centre n'est pas atteignable directement – ce qui engage la circumambulation[262]. Il représente de ce fait un centre transcendant (hors du petit monde des sujets impliqués). Aussi le plan primaire s'organise-t-il autour d'un centre qui constitue un autre plan, plus profond, que nous avons nommé « plan central ». Dans le rêve de Pauli, cet aspect correspond au fait que, pour atteindre le centre, les danseurs doivent descendre dans l'eau (l'inconscient) le long d'une échelle de corde (verticalité). On remarquera enfin que l'analyse de Jung, selon laquelle le carré procède du cercle, s'observe dans la danse du mandala en fonction de la présence ou de l'absence du plan central (incarné par le coryphée) au sein du plan primaire : est-il présent au sein de l'espace scénique, la figure que tracent les danseurs est celle du cercle ; en est-il absent, le cercle s'éclate, s'ouvre et la circumambulation trace un carré (puis, à l'intérieur de celui-ci, des figures essentiellement à angles droits).

262Le coryphée n'est pas atteignable : une « frontière » infranchissable le sépare du reste du groupe. Cette frontière est ressentie physiquement et engage une circumambulation. Il semble donc que l'émergence de cette frontière psychophysique soit le premier moment d'une rupture de la continuité de l'étendue spatiale, émergence du cercle qui ensuite évolue en une architecture psychophysique complexe (guidant chacun des individus dans un ordonnancement collectif géométrique). Quand le coryphée n'est plus localement situé (hors de l'espace scénique), le centre devient un simple point qui correspond à la géométrie du lieu – or ce point central est lui aussi inatteignable puisqu'il est marqué comme un axe vertical par une attraction de tout le corps, et du bâton, vers une hauteur en elle-même impossible à atteindre. – *Toute l'architecture et la dynamique psychophysiques du lieu s'expliquent donc par l'idée de transcendance.*

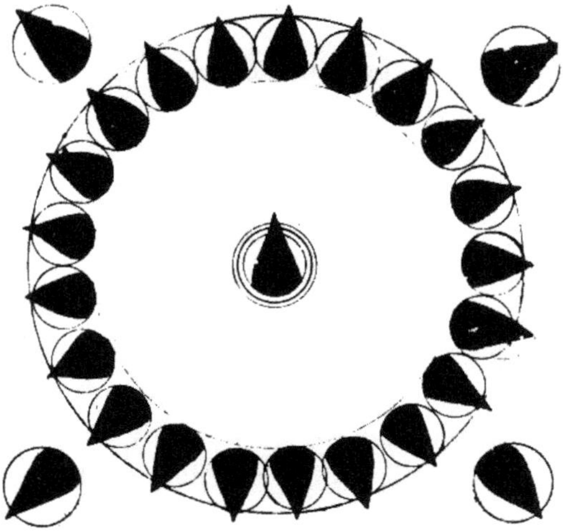

Schéma tiré du *Diagramme des miroir*s de Haydar Amoli que reprend Henri Corbin dans *Le paradoxe du monothéisme* (Edition L'Herne, p. 35). Au centre, une flamme que reflètent des miroirs disposés à la périphérie. « Les multiples flammes dans les multiples miroirs alentour sont autant de théophanies de ce Dieu-Un : un en soi, multiple en ses théophanies, sans que la vérité de l'Unité abolisse celle de la multiplicité [...] L'intégration de l'intégration, c'est voir tous les miroirs différenciés, en même temps que l'on voit le cierge au centre ». Ajoutons que ce diagramme suggère que le passage, de l'Un au multiple, se fait par symétrie.

F. L'ESPACE SCÉNIQUE ET LA SPONTANÉITÉ CORPORELLE

Revenons à la question de la relation entre l'espace scénique, la spontanéité corporelle et l'ordonnancement du chœur – qui est, dans la danse contemporaine comme chez Plotin, convoquée comme modèle pour penser la communauté, l'organisation de la cité et le gouvernement politique.

« Comment le corps contemporain pourrait-il trouver ses libertés ? Et surtout la possibilité d'inaugurer un espace qui lui serait propre ? », s'interroge Laurence Louppe dans *Poétique de la danse contemporaine*. L'espace scénique lui apparaît comme contraignant : il « enserre comme dans l'espace d'un tableau, avec ses bords, son centre. » Or, comme nous l'avons décrit, lors de la danse Kagura Mai (du mandala), les limites de l'espace et la spontanéité corporelle sont en étroite relation : la spontanéité déploie certaines limites – notamment celles qui séparent l'espace des danseurs du monde extérieur – et, à l'inverse, ces limites apparaissent indispensables pour que cette spontanéité (autonome) surgisse et se développe. C'est proprement les limites de l'espace qui contribuent à former l'unité du chœur ; autrement dit, l'unité du chœur se manifeste par une géométrisation de l'espace – ces deux aspects étant liés à l'enfouissement du sujet en lui-même, jusqu'à cet endroit où moi et non-moi ne sont pas encore distincts. Aussi la frontière scénique ne tient-elle pas à distance les spectateurs, mais les installe, au contraire, dans une relation essentielle de différence et d'unité (qui reflète proprement la relation discontinue qu'entretiennent le plan primaire et le plan secondaire). Le divertissement de la danse Kagura Mai permet ainsi aux spectateurs, non pas de s'échapper d'eux-mêmes, mais de vivre ensemble leur scission individuelle et collective et, par là même, d'apercevoir le centre qui est à la fois au fondement du monde commun et de leur propre unité. Il s'agit d'une expérience de l'édification du monde selon les catégories de la discontinuité et de la verticalité. La volonté des danseurs contemporains, de danser en dehors du « cadre », nous semble ainsi relever d'un manque d'unité, d'une scission intérieure, le corps se trouvant tronqué de sa partie centrale. Et leur désir de sortir du *lieu* nous semble s'expliquer par la perte d'une vitalité corporelle, celle qui a guidé Romulus dans la fondation de Rome.

G. Spontanéité et renouvellement du monde

En se développant, la danse Kagura Mai, que nous avons prise comme modèle des danses du mandala, témoigne d'une vitalité qui met en ordre le petit monde des sujets impliqués. Cette mise en ordre s'opère en vertu d'un retournement du regard, c'est-à-dire d'un changement de direction de l'attention. Cette relation, entre la modification du monde intérieur et celle du monde extérieur, renvoie au problème du recouvrement de la nature par le corps de Loi dans le bouddhisme, et à l'un des thèmes principaux de la pensée d'Ueshiba, celui de la révolution esthétique ou du « retournement de l'aspect du monde ».

Processus d'extériorisation

Chez Ueshiba, comme chez Lu Tsou, le renouvellement intime doit aboutir à un renouveau du monde qui prend alors un nouvel aspect [sugata] : le monde phénoménal doit passer du « monde de l'âme corporelle » au « monde de l'âme spirituelle ». L'expérience de la danse du mandala nous renseigne sur ce processus de manifestation qu'Ueshiba décrit comme une « remontée à la surface » des images originelles contenues dans l'inconscient. Elle se produit à travers les différentes voies de la sensibilité et des organes effecteurs. Cette remontée peut donc s'effectuer à travers la vue : les contenus archétypiques ordinairement inconscients sont alors « perçus » dans l'espace « extérieur ». L'on peut penser ici à la rencontre d'Ueshiba avec son « fantôme blanc » qu'il voit dans l'espace extérieur et qu'il peut toucher. Dans ce cas, ce sont la vue et le toucher qui semblent porter à la visibilité (c'est-à-dire dans le monde phénoménal) une réalité « intérieure » (en l'occurrence, le complexe des deux âmes *houen* et *pô* que Jung identifie à l'*anima* et au *logos*). Notons que dans ces cas, le contenu de ces remontées n'est pas suggéré : ces extériorisations surgissent *spontanément* à l'état de veille. Leur contenu échappe non seulement à la volonté et à l'imaginaire du sujet, mais encore possède des motifs archétypaux – ce qui montre leur caractère objectif. Ces phénomènes d'extériorisation nous placent ainsi au cœur du problème « psychophysique » de C. G. Jung et de W. Pauli – c'est-à-dire de la question de la césure entre le sujet et l'objet en lien avec les processus psychophysiques de « projections » de l'alchimie[263].

263Comme nous l'avons signalé, de tels phénomènes d'extériorisation sont observés, et interprétés comme des hallucinations, depuis la fin du XIXe siècle. Dumas et Lallande en notent le caractère concret : ils produisent des *choses* qui s'inscrivent parmi les autres dans le champ visuel et qui peuvent impliquer également toute la gamme des sensations tactiles. Pour Ueshiba et Lu Tsou, comme pour les alchimistes occidentaux, ces extériorisations prennent forme dans le cadre de pratiques ascétiques et sont liées à la spontanéité. La danse Kagura Mai que nous avons étudiée en montre également le caractère objectif, notamment parce qu'ils sont partagés et réitérables. Leur degré d'objectivité et de subjectivité est à explorer à l'aune de la théorie de Jung et de Pauli d'un inconscient psychophysique.

Réparer le monde

Chez Ueshiba, ces phénomènes d'extériorisation (de dévoilement) donnent lieu à un ensemble de visions qui peuvent être regroupées sous le thème du *fleurissement*. Le thème du fleurissement du monde spirituel n'est évidemment pas propre au fondateur de l'aikidō. Il se retrouve, par exemple, dans le shintō, ou encore dans le bouddhisme[264]. Ueshiba considère le fleurissement comme le signe que la révolution intérieure s'est opérée. « C'est en renversant la complexion humaine, écrit Ueshiba, c'est-à-dire en mettant l'âme spirituelle à la surface et l'âme corporelle dans les profondeurs, que l'on établit le monde. C'est ce que l'on appelle la révélation de la deuxième ouverture de la porte de la caverne. »[265] Il s'agit de l'ouverture et de l'apparition d'un arrière-monde. « Des fleurs épanouies portant des fruits à profusion, écrit Ueshiba, c'est un aspect réel que je contemple souvent au sanctuaire. Je baigne généralement dans cet état. [...] Lorsque je suis constamment dans le sentiment de reconnaissance, je peux toujours contempler ce paysage. C'est parce que je suis devenu moi-même cela. »[266] Ueshiba insiste sur le fait que cette « vision » est réelle, « réellement réelle », tout en disant qu'il s'agit d'un « état »

264Dans le shintō, « le chemin de fleur » [hanamichi] est associé au Pont flottant du Ciel [天の浮橋, Ame-no-uki-hashi] qui relie dans la mythologie les deux parties du monde, à savoir le monde terrestre et le monde céleste, et qui permet de relier les deux âmes, selon Ueshiba. Quant au bouddhisme, l'on pensera au jardin fleuri du Boudhha Miroku [弥 勒 菩 薩]. Le thème du fleurissement est tout particulièrement développé dans l'Ōmoto-kyō, par Nao puis par Onisaburo Deguchui, associé au renouvellement du monde.

265*Takemusu Aiki, Vol 4,* Cénacle, à paraître. Cette expérience psychologique renvoie au mythe shintō de l'ouverture de la porte de la caverne qui met en scène Amaterasu, la déesse solaire.

266M. Ueshiba, *Takemusu Aiki*, Vol 3, Cénacle, 2010, p. 135.

(psychologique). La difficulté que nous avons d'appréhender de tels vécus tient sans doute au fait que nous posons les sphères physique et psychique comme étant séparées. Cette expérience du jardin[267] renvoie également à certaines « visions » que Lu Tsou répertorie comme témoignant des étapes d'une élévation de l'âme. Il cite le livre de la *Contemplation Fructueuse* où il est décrit l'apparition d'« images magiques » : « Le soleil plonge dans les grandes eaux et des images magiques de rangées d'arbres apparaissent »[268]. « Le coucher du soleil, commente Lu Tsou, signifie que dans le chaos le fondement est posé : c'est l'état non polarisé. [...] L'éveilleur a pour image le bois, d'où l'image de rangée d'arbres. »[269] Ainsi, chez Ueshiba et Lu Tsou, la spontanéité a pour effet de conduire « à la surface » des images de l'« Âme commune ». Surgissement qui donne lieu à des vécus psychophysiques, c'est-à-dire à des vécus qui dépassent le clivage sujet/objet, intérieur/extérieur, ou encore physique/psychique. Ils considèrent que ce processus d'extériorisation (de « jaillissement ») permet de redonner au monde son unité et sa totalité. De plus, comme ces extériorisations peuvent également déterminer les relations intersubjectives jusqu'à mettre spontanément en ordre le collectif (comme c'est le cas lors de la danse Kagura Mai), Ueshiba leur accorde non seulement une dimension spirituelle, mais aussi une dimension politique. De sorte que, chez lui, la réalisation de soi et la « réparation du monde » sont toujours liées à la question du vivre-ensemble et finalement à l'organisation et au gouvernement de la cité.

267A partir de ces expériences, Ueshiba distingue la nature horizontale, celle de l'âme corporelle, de la nature verticale, celle de l'âme spirituelle.
268*Le secret de la Fleur d'Or*, Librairie de Médicis, p. 94.
269Lu Tsou, *ibid.*, p. 95.

« Un niveau de Réalité est ce qu'il est parce que tous les autres niveaux existent à la fois. Ce Principe de Relativité est fondateur d'un nouveau regard sur la religion, la politique, l'art, l'éducation, la vie sociale. Et lorsque notre regard sur le monde change, le monde change. »

Basarab Nicolescu

Partie VI

Du corps originel à la politique

I. Généalogie du sujet

A. La chose

私には何物もない
Pour moi, il n'y a pas de chose.

Morihei Ueshiba

L'émergence de la danse du mandala est liée à un état psychique spécifique qui se caractérise par une spontanéité autonome impersonnelle, dont le premier signe saillant est, comme nous l'avons décrit, le fait que le bâton est ressenti par les danseurs qui le tiennent comme se mouvant de lui-même. Or, cette sensation est, selon nous, significative, elle constitue un *reflet* qui nous renseigne sur la structure de l'inconscient. Comme nous l'avons montré, pour comprendre cette « spontanéité » du bâton, il faut l'inscrire au sein d'un renversement psychologique global concernant le rapport que le danseur entretient avec lui-même et le monde ambiant. Si ce fait peut apparaître, tout d'abord, comme une bizarrerie, néanmoins il nous renseigne sur le statut de la *chose* au sein des deux plans.

La chose cesse d'être chose dans le plan primaire (ou plus exactement n'est pas encore chose) : en s'animant de lui-même, le bâton n'est plus un objet, dont on peut faire le tour, il n'est plus une chose manipulable. La chose disparaît ainsi en même temps que le sujet – le *je* – intentionnel. A l'inverse, lorsque la danse s'achève, le *je* apparaît à nouveau, et le bâton est redevenu une chose (inerte) manipulable à volonté. Ainsi, lorsque le sujet revient à lui-même, ou plus exactement lorsque le sujet apparaît – avec son intention, ses craintes, sa volonté, sa capacité à délibérer et à poser des choix –, en face de lui apparaît la chose, chose utilisable. Chose et sujet, d'un même coup, se font face en même temps que s'installe la temporalité de l'avant et de l'après, et que s'ouvre l'espace (séparation de l'espace intérieur et de l'espace extérieur).

Lorsque nous entreprenons un questionnement sur le statut de la chose, nous en avons déjà, et depuis longtemps, une pratique quotidienne. C'est donc avec évidence que nous définissons la chose comme étant ce qui est indépendant de *moi* et ce dont *je* peux disposer disposer à *mon gré*. Nous pourrions dire que l'expérience quotidienne est « digne de confiance ; cette craie est cette craie, je la prends quand j'en ai besoin et la dépose quand je ne m'en sers plus. C'est clair comme le jour. [...] Assurément, il s'agit là de l'usage quotidien[270]. »[271] Mais cet usage quotidien est-il véritablement digne de confiance ? Comment alors interroger la part du subjectif et de l'objectif ? « Où prendre pied ? Le sol nous manque », constate Heidegger.[272] Ces questionnements sur ce qu'est une chose, conduit le phénoménologue a en relever les aspects pour dire la manière avec laquelle elle se donne. Mais lorsqu'il l'appréhende ainsi, de manière discriminante, il se trouve loin du plan primaire et du plan central, là où la chose n'était pas encore chose, là où sujet et objet n'étaient pas encore un couple d'opposés. Par son analyse d'observateur détaché, il détourne son regard de

270Nous ne pouvons en appeler à l'expédient facile qui consiste à dire : si les déterminations de la chose ne sont pas « objectives », alors elles sont « subjectives ». Il se pourrait qu'elles ne soient ni l'une ni l'autre, que la distinction du sujet et de l'objet et, avec elle, la relation sujet-objet fassent question au plus haut point. Heidegger, *Qu'est-ce qu'une chose ?*, Gallimard, 1967, p. 38.
271Ibid., p. 38.
272Ibid.

cet instant et de ce lieu, en lui-même, où la chose se constitue en tant que chose.

L'on assiste ainsi, dans la danse du mandala (spontanéité autonome), à une *ipséité* qui s'étend au-delà de la sphère proprement humaine jusqu'à la « chose », tandis que dans la danse Contact Improvisation de Paxton (spontanéité hétéronome), c'est l'individualité humaine qui perd de son autonomie, s'inscrivant dans un agir hétérodéterminé, gouverné par « une main étrangère », et donc de son *ipséité* pour prendre les caractéristiques d'une chose.

B. La liberté

Si nous jugeons l'agissement des danseurs lors du Kagura Mai à l'aune de notre expérience quotidienne, il ne nous semble pas relever de la liberté, mais plutôt de la contrainte. Nous identifions ordinairement la liberté au libre arbitre, nous nous sentons libres lorsque nous sommes en capacité de choisir entre telle ou telle action. Or, le choix nécessite un avenir incertain et un espace ouvert, ainsi qu'une certaine dualité intérieure, condition de l'incertitude et de la réflexion. Par conséquent, si la liberté comme libre arbitre peut s'éprouver dans le plan secondaire, elle cesse d'être possible dans le plan primaire où n'existe plus le temps de l'avant et de l'après, où se clôture l'espace, ni non plus de distance de soi à soi-même. Cela signifie-t-il que l'agir primaire ne relève pas de la liberté, alors même que nous l'avons décrite comme une spontanéité autonome ? Pour dépasser cette contradiction, il nous faut concevoir une liberté qui ne serait pas contradictoire avec une forme de nécessité intérieure.

L'on peut convoquer ici Plotin qui décrit un emboîtement de trois formes de liberté. Dans son Traité 39 intitulé par Porphyre *Sur le volontaire et la volonté de l'Un*, il s'interroge sur ce qui fonde la liberté humaine[273]. De son point de vue, la liberté est nécessairement inaugurale, autrement dit elle consiste en un pur commencement – sans cause. « Pensée dans son essence la plus pure, la liberté en vient ainsi à coïncider avec le principe : il n'y a de liberté que principielle, parce que toute liberté qui ne serait pas aussi originelle que l'Un aurait sa source hors d'elle-même, et serait par conséquent conditionnée, c'est-à-dire non libre. »[274] Ce n'est qu'en vertu de son enracinement en l'Un que l'homme peut revendiquer une liberté réelle. Autrement dit, la liberté ne peut se confondre avec une action qui serait déterminée par quoi que ce soit.[275]

273Comme nous l'avons dit, Plotin conçoit l'intériorité comme un emboîtement de trois plans que sont l'âme, l'Intellect et ultimement l'Un – de sorte que ce qui est le plus intérieur est en même temps le plus universel. Aussi sa réflexion vise-t-elle à comprendre comment la liberté peut s'enraciner dans l'Intellect, puis à travers lui dans l'Un-Bien (principe « au-delà de l'être »). On comprend bien la difficulté d'une telle réflexion, puisque ce que nous appelons « la liberté » dépend d'une disposition intérieure liée à la contingence du monde, qui se caractérise par l'hésitation et l'incertitude, tandis que l'Un-Bien, au contraire, en raison de sa simplicité, ne saurait hésiter ou se dédoubler pour agir. Il s'agit donc de savoir, tout d'abord, ce qui caractérise la liberté de chacune des hypostases pour ensuite comprendre leur emboîtement.

274L. Lavaud, « La métaphore de la liberté. Liberté humaine et liberté divine chez Plotin », *L'Un chez Plotin*, Archives de philosophie, p. 13.

275L. Lavaud distingue, chez Plotin, une liberté qui correspond à la libre disposition de soi. Celle-ci ne peut relever de l'action puisque toute action doit composer avec les réalités extérieures, de sorte que « l'homme d'action ne peut jamais être absolument libre, puisqu'il doit s'adapter aux exigences et aux limites fixées par le monde dans lequel il agit : il s'en laisse imposer. » Laurant Lavaud, « La métaphore de la liberté. Liberté humaine et liberté divine chez Plotin », *L'Un chez Plotin*, Archives de philosophie, 2012, p. 19.

La liberté réflexive, entendue comme libre disposition de soi, ne peut ainsi être que celle d'un acte intérieur reposant sur l'exclusion du monde sensible. Une telle liberté persiste en l'Intellect – que l'âme se tourne vers lui ou non. Pour lui, en effet, il n'y a pas d'extérieur. L'âme et l'Intellect diffèrent en ceci : elle aspire à un objet qu'elle ne possède pas, étant dans le devenir, tandis que lui est sans désir étant dans l'éternité. « La volonté libre n'est pas, à ce niveau, le libre arbitre qui élit indifféremment son objet, elle a une forme et une orientation nécessaire qui sont celles de la pensée possédant en elle-même l'être intelligible. Il n'y a dès lors de liberté que parfaitement coïncidence avec la nécessité. »[276] Enfin, la liberté de l'Un doit s'entendre ni dans un rapport au monde comme celle – illusoire – de l'homme d'action, du libre arbitre, ni dans un rapport à soi tout intérieur comme celle de la liberté réflexive. En effet, l'Un, étant simple, ne peut ni se tourner vers un monde qui lui serait extérieur ni se retourner vers lui-même. C'est pourquoi la liberté de l'Un est conçue chez Plotin comme une pure spontanéité. L'on passe ainsi d'une liberté comme pure spontanéité autonome (Un-simple) à une liberté comme maîtrise de soi (un-multiple), puis à une liberté comme libre arbitre (un et multiple) qui, dans l'ordre du corps et de l'action, se corrompt jusqu'à devenir une forme d'aliénation.

Revenons à présent à la danse Kagura Mai – au titre de reflet de réalités qui ne sont pas en elles-mêmes accessibles. Nous voyons que, dans l'ordre du corps, nous retrouvons, d'une certaine façon, l'emboîtement décrit par Plotin. Tout d'abord, dans le plan secondaire, nous avons une liberté que l'on peut qualifier d'illusoire, puisqu'elle se caractérise par une hétérodétermination. C'est la « liberté » de l'action qui éconduit constamment l'âme en dehors

276Ibid.

d'elle-même. Nous avons vu de quelle manière Paxton la confond avec une liberté réelle. Le plan primaire montre une forme de spontanéité qui ne relève pas du choix, de la prise de décision. On ne peut parler d'une liberté réflexive ici, mais notons que cette spontanéité peut être comparée à la liberté de l'Intellect. Elle ne présente plus, en effet, le caractère d'hétéronomie de l'action : il n'y a pas d'adaptation, la volonté ne vise pas un objet extérieur – l'âme ne sort pas d'elle-même. L'ensemble de ces caractéristiques nous semble témoigner d'une vie une, non divisée, toujours présente à elle-même (aussi bien spatialement que temporellement). Et, de la même manière que l'Intellect plotinien se constitue de lui-même tout en étant produit par l'Un, si les mouvements de chacun des corps en présence semblent être parfaitement spontanés, c'est-à-dire trouver en eux-mêmes leur source, la structure générale du plan primaire (géométrie de l'espace, symétrie des postures et des déplacements, etc.) montre qu'ils dépendent d'une unité simple qui les transcende. Il y a dépendance et indépendance – dépendance principielle et indépendance causale[277]. L'on voit ainsi, dans la danse du mandala, un emboîtement de trois formes de liberté, progressant de la liberté absolue comme pure coïncidence à soi (originelle) vers une liberté à la fois complète (autodétermination) et relative, parce que renvoyant à la transcendance d'un centre commun, jusqu'à une « liberté » hétérodéterminée, en partie, par le monde « extérieur » (lorsque cesse la danse du mandala).

277Nous n'employons pas « cause » de la même manière que Plotin. Nous suivons Pauli qui réserve le terme « cause » à la relation qui se développe sur le plan phénoménal et qui exige la succession temporelle.

C. L'impassibilité comme expression

La spontanéité qui est celle que nous pouvons observer lors de la danse du mandala ne peut être considérée comme étant une danse expressive du moi. Néanmoins, elle est expressive d'un centre de la personnalité plus profond entrant en relation avec le monde sur un « mode essentiel ». Elle se caractérise, en effet, par le *visage impassible* des danseurs, reflet d'une quiétude qu'il faut comprendre par rapport à l'atemporalité du plan primaire. Cette quiétude fait écho, dans une certaine mesure, à ce que dit Plotin de l'*homme intérieur* qui, étant détaché du monde ambiant sensible, ne connaît pas l'émotion, ni d'ailleurs le raisonnement, mais seulement la contemplation (à l'inverse du *composé* dont l'activité est tout entière déterminée par l'inquiétude). « Si l'âme est distincte de l'être-même, précise-t-il, elle pourra être le sujet des passions. Si elle est identique à l'être-âme, elle est une forme impassible[278] et un acte pur. Dans ce cas, elle ne peut être le sujet d'aucune passion, non plus que de la sensation, de la réflexion, et de l'opinion. »[279]

D. Un corps qui ne manipule pas

Le corps qui se dévoile lors de la danse du mandala *surgit*, en deçà de la volonté et de toute intention consciente, lorsque s'amenuise la sensibilité extéroceptive, lorsque l'attention est tournée vers le centre, peut être

278« L'expérience intérieure plotinienne, écrit Pierre Hadot, nous révèle donc ainsi des niveaux discontinus de notre vie spirituelle. [...] L'expérience plotinienne, tout au contraire, nous révèle que notre identité personnelle suppose un absolu indicible dont elle est à la fois l'émanation et l'expression. » *Plotin ou la simplicité du regard*, p. 44.
279Plotin, I, 1.

qualifié de *corps originel*, ordinairement enfoui dans les profondeurs de l'inconscient : corps qui ne se rapporte pas aux choses et qui ne manipule donc pas, qui ne connaît pas l'émotion, qui échappe lui-même au rapport de maîtrise (rapport sujet/objet) ; corps droit étiré dans un axe parfaitement vertical, corps monolithique au pas glissé[280] dont les marques temporelles sont celles de l'éternité, et qui entre en coïncidence avec les autres corps – de telle sorte que tous les corps ne forment qu'un (sans pourtant s'amalgamer) – en vertu d'un plan supérieur. Ce corps nous pouvons l'opposer au « corps archaïque » des danseurs butō, ou au « corps-machine animal » de Paxton qui entre en relation avec les autres corps par le contact, selon une dimension horizontale uniquement, pour s'amalgamer et constituer une masse.

E. Du nous au je

Quand cesse la danse du mandala, nous voyons le « je » apparaître soudainement depuis un fond impersonnel. Discontinuité et saut : si nous disons « soudainement », c'est que le « je » ne semble pas s'établir par étapes : soudainement, il est là – et avec lui, l'objet (la chose), l'émotion, l'intention, le vouloir, l'espace ouvert et le temps fléché aux « heures incertaines ». Le danseur s'étonne alors de se redécouvrir lui-même, de redécouvrir l'objet posé entre ses mains, de se sentir hésiter et choisir.

280L'on retrouve ici la pratique du corps des arts traditionnels japonais. Pensons au théâtre Nō : corps droit, pas court et glissé. Ou encore à la manière de se mouvoir dans un dōjo, selon les codes de la tradition : pas glissés dans une verticalité parfaite et selon des angles droits, à reculons dans certaines circonstances. Toutes ces attitudes, que le butō rejette en y voyant le fruit de la culture, sont en réalité conforme à la nature profonde, « primaire », du corps.

L'expérience du mandala se présente ainsi comme une espèce de réminiscence : les deux plans, central et primaire, peuvent être considérés comme les étapes d'un cheminement au cours duquel le moi non-moi est devenu le moi. Cette expérience corporelle nous place, en quelque sorte, à l'origine des phénomènes, à cet instant de l'apparition de la subjectivité et du monde.

F. Du je au nous

Le sujet, conscient de lui-même, mais aussi soucieux et affairé, risque alors de sombrer dans une autre forme d'impersonnalité en se décentrant vers une autre forme du « nous ». En se tournant vers le monde sensible, oubliant le plan central, il peut être happé au point de ne plus être lui-même, autrement dit il risque d'exister sur un mode inauthentique. La contemplation qui était aspiration pour le centre et quiétude (l'âme en « repos » selon Plotin) devient préoccupation inquiète (l'âme « soucieuse et affairée »), ce qui correspond au passage de l'unicité à la dispersion. « Nous nous éparpillons dans le multiple et nous nous dissolvons dans la dispersion », dit Heidegger dans son cours « Augustin et le néoplatonisme »[281].

Ainsi le sujet – *je* – apparaît-il au sein d'un monde qui est situé entre deux domaines collectifs, deux formes de *nous*, celui de la spontanéité autonome impersonnelle, et celui de la spontanéité hétéronome, autrement dit celui du rapport essentiel et celui du rapport sensible – que nous avons pu observer respectivement dans la danse Kagura Mai (du mandala) et dans la danse Contact Improvisation. Les danseurs du Contact, dans leurs explorations des

281Dans *Être et Temps*, chapitre 42, Heidegger dit la provenance antique de son concept de souci.

limites d'une spontanéité hétéronome radicale, nous montrent jusqu'à quelle extrémité l'individu peut délaisser son enracinement dans l'Un, oublier la coïncidence avec lui-même, amputer le corps de sa part essentielle (la spontanéité autonome qui caractérise le corps originel), abandonner la maîtrise de soi, puis son libre arbitre, pour se laisser déterminer en son intimité par les autres – dans l'oubli de l'Homme (au bénéfice de la *chose*) au risque de nos sociétés. Les Contacteurs nous prouvent, d'une certaine façon, que lorsque le corps n'est plus qu'un dehors, la communauté cesse d'être possible, en témoignent les figures d'enchevêtrement des corps et de monticules d'humains auxquels aboutissent leurs recherches. « Les rassemblements des masses sont aussi la caricature grimaçante de l'ipséité véritable. La vraie question est de savoir en quel sens l'ipséité précède et devance le Je, le Tu, le Nous et le Vous, écrit Jean Greisch. »[282]

II. Du gouvernement politique

A. Le coryphée

La danse du mandala nous révèle que le sujet est porteur d'un monde collectif ordonné selon des principes très précis, autrement dit, il comporte une dimension politique, non pas de manière métaphysique, mais psychologique et physique.

282J. Greisch, *Heidegger*, Ed. de Minuit, p. 78.

Pour celui qui la vit, la danse Kagura Mai représente une expérience de dissociation : « l'unité apparente de la personne qui dit avec insistance : « je veux, je peux », etc. éclate en morceau sous l'effet du choc avec l'inconscient. »[283] La dimension impersonnelle, ressentie dans l'ordre de l'agir, n'étant assignable à aucune cause (extérieure) conduit immanquablement le sujet à envisager qu'il existe en lui-même une instance autonome. Cet autre qui s'oppose à la volonté du moi n'est pas une volonté particulière, mais une grandeur proprement universelle. En effet, lorsqu'il fait l'expérience de l'impuissance de sa volonté propre, soit à travers certains mouvements qu'il se voit exécuter « malgré lui », soit à travers certains gestes qu'il ne peut pas faire (en dépit de son vouloir et de ses efforts), il reconnaît que la gestuelle qui, en lui, s'impose à lui, se retrouve chez tous de manière identique et, plus encore, participe à un ordonnancement précis, géométrique, du collectif dont il fait partie. C'est précisément la prise de conscience de cette dimension, intime et collective, qui ébranle son « moi » auquel il s'identifiait jusqu'alors. Elle le met en chemin, d'une manière impérieuse, au-delà de ce qu'il croyait être l'horizon de lui-même. En outre, cet ailleurs qu'il ressent en lui-même, en son corps propre, en son esprit, il l'éprouve obscurément comme trouvant son origine dans le coryphée – ressenti alors comme un centre à la fois extérieur et intérieur : il est, en effet, celui par qui la spontanéité autonome émerge, c'est-à-dire par qui le sujet coïncide avec lui-même, par qui la volonté se retire puis se donne à nouveau – alors même qu'il est sans action.

283C.G. Jung, *Psychologie du transfert*, Albin Michel, p. 54.

A 1. Maître de danse et accoucheur

Le coryphée n'agit pas, pouvant seulement être présent ou absent du « monde » : il « modifie », par son immanence ou sa transcendance, la structure dynamique du chœur. Qu'il nous soit permis de faire un parallèle entre l'agir du coryphée, et le travail de l'analyste tel que Jung le décrit en le comparant lui-même à l'art de l'alchimiste. « Le savoir du médecin, écrit-il, éclaire seul, telle une petite lampe vacillante, les ténèbres profondes de ce processus »[284] de destitution du moi et de reconstruction d'une totalité plus vaste et plus unie. Ajoutons, qu'en deçà de son savoir théorique, il revient au coryphée, comme au thérapeute, de se tenir au centre de lui-même, car là réside toute l'efficacité de son art qui relève proprement de la maïeutique (ou pour le dire dans les termes d'Ueshiba, de l'*ubuya,* « salle d'accouchement »). Ainsi, l'art du coryphée nous semble tenir moins à la somme de son savoir, ou même à la précision de son savoir-faire, qu'à son propre cheminement intérieur dont les étapes majeures sont les trois conjonctions de Dorn, et les deux principes sont la contemplation et l'expérimentation. « Rien ne traduit mieux, écrit Jung, la situation morale où se trouve l'alchimiste que la division de sa salle de travail en deux parties, le « laboratoire » où il s'affaire parmi les creusets et les cornues, et « l'oratoire » où il implore de Dieu l'indispensable illumination. »[285] – Travail de simplification personnel qui, dans l'ordre de la danse, s'objective dans l'espace (en y établissant des frontières) et au sein du collectif (en l'ordonnant). « Il s'agit à proprement parler, précise Jung, d'un travail de purification, au cours duquel [...] les données

284Ibid.
285Ibid., p. 55.

fondamentales se manifestent. [...] Ce n'est plus un choix de fiction à notre convenance, mais un certain nombre de faits rigoureux [...] sous la forme de la symbolique du mandala, qui n'est pas non plus inconnue des alchimistes. »

A 2. Wu wei : ordonner sans agir

Il y a donc toute une phénoménologie de l'art du coryphée – qui témoigne de l'efficience de sa non-action. Elle se situe dans l'environnement tout entier. Paradoxalement, c'est parce que le coryphée se tient dans l'immobilité, dans le non-faire, que sa phénoménologie apparaît en dehors (si l'on peut dire) de lui, dans l'espace et le temps, à travers la gestuelle de chacun des danseurs : la trace de son *inaction* est la dynamique *ordonnée* du chœur. C'est ce paradoxe que dit le mythe de l'Empereur Jaune dont le non agir [ch. wu wei] a pour vertu de mettre en ordre le pays. La phénoménologie de wu wei se résume, pour ce qui est du centre, à sa présence ou non dans le monde, autrement dit elle est vide. L'art de wu wei, en effet, est bien de ne donner aucun signe. Mais alors, et c'est là son paradoxe, c'est le monde environnant, dans sa totalité et ses détails, qui en porte les traces et peut donc en témoigner. Comme nous l'avons décrit, la présence ou non du coryphée, dans l'enceinte du plan primaire (qui se confond ici avec l'espace scénique), « modifie » la spontanéité des mouvements des danseurs. Est-il présent : les danseurs ont tendance à se déplacer en cercle autour de lui à l'intérieur de l'espace ; est-il absent : les danseurs se placent sur les bords de l'espace scénique et circulent en suivant ses limites (ce qui comprend le centre de l'espace[286] et donc les diagonales du carré)[287]. Le centre géométrique de l'espace alors est approchable, mais il devient le lieu du manque essentiel : le bâton s'érige vers les hauteurs, tire vers un ailleurs inaccessible parce que hors du monde – vécu corporel et psychologique[288], comme on l'a dit, de la transcendance.

Il y a donc deux niveaux repérables d'ordonnancement au sein même du plan primaire : le premier où le centre est immanent (s'exprimant par le cercle), le second où le centre est transcendant (s'exprimant par le carré). A l'inverse du plan secondaire, où le centre est absent (oublié), le plan primaire – dans sa dynamique, son organisation générale jusqu'au moindre mouvement de chacun des individus en présence – « dépend » d'un plan central, localement situé ou non. Par conséquent, il y a un gouvernement typique du plan central incarné par le coryphée. Peut-on en déduire que le vivre-ensemble, dans ses modalités primaires, aussi bien psychologiques que physiques, répond à un gouvernement central qui serait conforme à la spontanéité ? Autrement dit, le modèle politique d'un gouvernement central serait-il inscrit dans les profondeurs de notre psyché ? C'est une hypothèse que nous nous proposons d'approcher à présent.

286Lorsque le coryphée est présent, il est le *centre incarné* autour duquel tournent les danseurs, tandis que lorsqu'il est absent, le centre se confond avec le *centre géométrique* de l'espace d'évolution. Cette transformation de la nature du centre correspond au passage de l'immanence (présence de l'origine dans le plan d'existence) à la transcendance (l'origine se situe en dehors du plan d'existence).

287Toutefois, les figures géométriques, comme on l'a vu, peuvent être beaucoup plus complexes.

288Comme on l'a décrit, le mouvement d'érection, l'élan d'élévation, s'accompagne d'idéations typiques : des images religieuses emplissent l'esprit – indépendamment des croyances de la personne.

B. La symétrie au fondement de Rome

Les éléments que nous avons tirés de la danse Kagura Mai (du mandala) et ceux que nous avons empruntés aux rêves de Pauli, nous permettent de reconsidérer la question de la fondation de Rome avec laquelle nous avons ouvert notre problématique générale. Selon Plutarque, le rituel de la fondation de Rome commence par la constitution d'une fosse circulaire appelée « mundus ».

Comme le remarque Kerényi, « la cérémonie et la mythologie du cercle se trouvent contredites par la tradition qui se rattache au nom de la ville de Romulus, appelée *Roma quadrata.* »[289] Pourtant, note-t-il, si Plutarque « mentionne la *Roma quadrata* de Romulus dans sa narration de la cérémonie du cercle ; il la conçoit comme une ville quadrangulaire et, néanmoins, n'en ressent pas la contradiction. »[290] En fait, si la ville est tout d'abord fondée à partir d'un cercle, elle se développe ensuite de façon orthogonale. « La plupart des villes créées par Rome, les *coloniae,* démontrent que, dans la réalité, des plans de villes rectangulaires sont issus du tracé circulaire rituel. [...] Quand même la disposition du terrain présentait des difficultés, on restait attaché à une forme idéale, géométrique. »[291] On l'a dit, Kerényi adopte la perspective de Jung en identifiant ce rituel au tracé du mandala, autrement dit en lui conférant comme origine les profondeurs de la psyché (de nature objective). Il y voit la raison pour laquelle ce rituel était perçu, selon Plutarque, par les Romains « comme un *mysterium* ». Osons alors une explication psychophysique, quelque peu téméraire,

289Ch. Kerénkyi, *Introduction à l'essence de la mythologie*, Payot, p. 25.
290Ibid.
291Ibid.

du passage de la fondation circulaire au développement quadrangulaire de la ville romaine, autrement dit du passage du cercle au carré.

Comme on l'a vu, lors de la danse du mandala (Kagura mai), ce passage s'effectue au moment où le coryphée quitte l'espace scénique. Lorsque le plan central n'est plus localement situé – autrement dit lorsque le centre devient transcendant –, l'on assiste à un éclatement du groupe vers les limites de l'espace. Les mouvements des danseurs s'effectuent alors sous la forme d'une circumambulation quadrangulaire. Cette ouverture de l'espace circulaire permet une différenciation des mouvements, une variété qui n'était pas possible lorsque les danseurs étaient tous limités à la figure du cercle – leurs mouvements et leurs déplacements étaient alors tous identiques, à équidistance du point central. Le retrait du centre (passage de l'immanence à la transcendance) permet une forme de libération, première étape vers la subjectivité, au détriment néanmoins de l'unité du plérôme. Comme nous l'avons décrit, malgré la diversité des mouvements que permet cette première rupture, la sortie du cercle, l'unité des danseurs persiste de telle sorte que la spontanéité de chaque danseur est conforme à l'ordonnancement géométrique du groupe ; autrement dit, la totalité du groupe est au principe de la spontanéité autonome de chaque individu ; le tout et le particulier s'articulent à travers la géométrie psychophysique du lieu – que nous avons comparé, pour cette raison, à un champ. Le passage du cercle au carré répond donc à un processus de différenciation. Si nous examinons de près les deux types d'ordonnancement, nous constatons qu'il s'agit d'une transformation du principe de symétrie : le cercle est l'expression de la symétrie du point, tandis que le carré est l'expression d'une symétrie selon deux axes perpendiculaires – double symétrie axiale qui permet aux mouvements particuliers de se différencier tout en correspondant, et non plus d'être strictement semblables (tous déterminés uniquement en fonction d'un point central). Rappelons que dans les rêves de Pauli que Jung analyse[292] le passage du cercle au carré, et notamment la circumambulation autour d'un carré symbolise « la transformation d'animaux en êtres humains », autrement dit la spiritualisation du corps qui accompagne l'émergence du sujet et l'individuation. Cette métamorphose qui transparait dans les rêves du physicien et qui est au principe de la danse du mandala, parce qu'elle permet le passage du sol au lieu et l'ordonnancement spontané du collectif, est également celle de la cité. – La genèse du sujet et de la cité vont de paire.

Cette double symétrie qui s'observe ici, tant sur le plan psychologique que sur le plan physique, constitue donc une dimension architecturale qui fait écho au *mysterium* romain du rituel de la fondation des villes, c'est-à-dire à la métamorphose de la fosse circulaire en une ville carrée selon deux axes[293] : les villes romaines sont « quadratae au double sens : divisées en quatre quartiers par deux rues principales et, conséquemment, pourvues de quatre portes, et, en même temps, plus ou moins « carrées ». »[294] Par ailleurs, comme on l'a décrit, lors de la danse, la géométrisation de l'espace est liée au vécu d'une temporalité psychophysique qui n'est pas celle de l'écoulement, de la succession où se distinguent l'avant et l'après, mais celle du temps d'avant le temps qui passe.

292C.G. Jung, *Psychologie et religion*, Buchet/Castel, p. 134.

293Comme le précise Kerényi, « les données pour cette division en quart au moyen de deux axes se retrouvent non seulement dans la géodésie, mais aussi dans la science des augures. »

294Ch. Kerénkyi, *Introduction à l'essence de la mythologie*, Payot, p. 25.

C. L'ARCHÉTYPE DE LA CITÉ

Notre questionnement général s'est développé, en partie, en opposition au projet de Steve Paxton et de ses suivants de rejeter un vivre-ensemble gouverné par une instance centrale, et d'établir une communauté à partir d'une spontanéité sensitive et hétéronome (de rapports sensibles infra-conscients et du rapport réactif que les corps entretiennent entre eux), en référence aux « sociétés animales ». A partir de l'expérience dansée du mandala, nous avons mis en lumière un autre aspect de la nature du corps – sa nature de *feu* selon Plotin –, un « autre corps » ordinairement inconscient, dont la spontanéité autonome a pour vertu d'extérioriser une structure géométrique qui correspond à celle des rituels de la fondation des villes romaines. Ce plan primaire que nous avons ainsi dégagé, puisqu'il résout l'opposition de l'individuel et du collectif sans la réduire, peut-il être considéré comme l'archétype de la cité ? Pour prendre la mesure de notre hypothèse, on se propose de comparer le statut du plan primaire à celui de la cité idéale chez Platon.

Souvenons-nous tout d'abord que Plotin, qui avait pour ambition de poursuivre le projet politique platonicien en fondant une ville du nom de Platonopolis, compare lui-même l'ordonnancement de la cité idéale à celui d'une danse parfaite dont les parties s'ordonnent spontanément. Cet ordonnancement spontané est le résultat d'un principe qui transcende le temps fléché et met en rapport le particulier avec le Tout. L'on retrouve, chez Plotin, le thème du tissage qui est proprement l'art politique, selon Platon, de faire coïncider les contraires pour former la totalité. Ces contraires qu'il s'agit de faire coïncider, ce sont les mouvements de toutes les choses qui constituent la vie de la cité.

Dans les *Lois* de Platon, l'Athénien s'interroge sur l'origine, humaine ou céleste, des lois qui règlent la cité : « est-ce à un dieu, Étrangers, ou bien à un homme, que vous rapportez l'institution de vos lois ? »[295] La réponse de Clinias est sans ambiguïté : « A un dieu, Étranger, à un dieu ! Au moins n'y a-t-il rien de plus juste à dire : chez nous, c'est Zeus. »[296] Le dialogue porte sur les lois de la cité juste. Quelles sont les règles qui doivent être mises en œuvre pour réaliser le meilleur état possible ?

Ils s'interrogent sur la constitution idéale et en reconnaissent trois degrés d'excellence. Le premier degré est celui de la cité qui serait entièrement organisée par un principe unique, celui de l'*Amitié*. « La cité ainsi que le régime sont de premiers ordres, et les lois meilleures, là où s'applique à tous les niveaux de la cité, et dans toute la mesure du possible, le vieux proverbe selon lequel, décidément, « aux amis tout est commun. » »[297] L'Amitié dont nous parle Platon ne rend pas seulement communs les biens, mais encore les sens, les sentiments, l'agir même, à travers le geste et la voix – comme si, nous dit-il, « à travers mes yeux, mes oreilles, mes mains c'était toute la communauté qui voyait, entendait, agissait ! » Ce qui sourd en chaque individu, et qui préside à ces sensations et à son agir, c'est la totalité. L'on retrouve bien ici ce dont la danse Kagura Mai (du mandala) nous semble être le *signe,* lorsqu'elle fait de la spontanéité autonome le principe de l'ordonnancement du collectif. On a vu, en effet, que non seulement spontanéité autonome et ordonnancement sont inséparables, mais encore que dire « je » ou « moi » est impossible[298] pour les danseurs. L'on pourrait alors

---

295*Lois*, I, 624a, traduction de Jean-François Balaudé.

296I, 624a, traduction de Jean-François Balaudé.

297Platon, *Lois*, 739 b-e, A Castel-Bouchouchi, Folio-Essai.

298« Que cet idéal se réalise quelque part aujourd'hui, écrit Platon,ou qu'il doive se réaliser un jour [...] si l'on extirpe par tous les moyens et

soutenir que c'est ce lien d'identité, « Amitié authentique », qui prévaut : l'ordre s'effectuant spontanément, il n'est pas besoin de lois – « de lois extérieures ». C'est selon une législation intime, conforme à l'âme et au corps, et qui repose sur la liberté absolue (spontanéité autonome), que s'établit cet ordre. A partir de nos observations, nous pouvons faire l'hypothèse que ce rapport d'amitié suit un principe de symétrie dont le déploiement permet de passer de l'identité à la diversité, sans que ne soit pourtant détruite l'unité (passage de la symétrie centrale à une double symétrie axiale ; passage d'une unité de premier rang à une unité de second rang). Par ailleurs, nous dit Platon, cette cité, organisée en vertu de la seule Amitié, est une cité des dieux – « qu'elle soit habitée par des dieux ou par des enfants des dieux (plus qu'un) ». Le lien d'Amitié contrevient, en effet, à la temporalité du devenir, à l'écoulement du temps, puisqu'il est un « lien » immédiat exprimant l'identité. La cité parfaite ne peut donc relever que d'une temporalité qui n'est pas celle de la succession. Ce qui nous renvoie là aussi au plan primaire qui porte les marques de l'atemporalité. Dans le *Timée*, comme condition d'existence à la cité-modèle, Platon pose « le temps de Cronos, le temps d'avant le temps de l'histoire ; le temps révolu pour nous, lorsque les dieux gouvernaient eux-mêmes les hommes (c'est un état supra-politique, sans loi, sans institution). »[299] En poursuivant le développement de notre hypothèse, l'on peut comparer le paradoxe de l'existence de la cité modèle à celui du plan primaire dont l'ordonnancement spontané (sans législation) existe effectivement – puisqu'il peut s'éprouver, dans une certaine mesure, par l'expérience corporelle –, mais dans

---

de tous les aspects de l'existence ce qui fait dire " c'est à moi ". »
299Ibid., p. 318.

une temporalité qui n'est pas celle du quotidien, une temporalité de l'origine qui n'est pas encore celle du temps historique. L'ambiguïté qui apparaît au fil des dialogues de Platon, quant au statut de la cité-paradigme puis de la cité-modèle nous renvoie à celui de l'existence du plan psychophysique inconscient que nous avons qualifié de « primaire » : loin d'être une construction métaphysique, l'on pourrait avancer que la cité idéale de Platon sourd dans nos âmes et dans nos corps – mais selon une temporalité qui n'est pas celle du moi : l'individu peut la vivre, mais son émergence même signifie la fin du sujet – désirant, voulant –, sa survenue signe la fin du temps (fléché). Paradoxe qui nous donne néanmoins la possibilité de nous mettre en chemin vers elle, puisqu'elle est ce que nous sommes, individuellement et collectivement – même si lorsque nous l'atteignons, nous ne sommes plus ce que nous étions, mais devenu un en nous-mêmes et un ensemble nous goûtons d'une certaine manière à l'Amitié authentique. Le paradoxe de l'existence de la cité platonicienne n'est-il pas alors celui du corps qui, s'il jette ordinairement un voile sur la réalité de l'âme (et donc sur la réalité politique), peut aussi bien la dévoiler, porter à la lumière du jour sa dimension collective, sa manière de lier – par sympathie, par Amitié – les choses et les êtres ?

C 1. Géographie du politique chez Platon

Par ailleurs, l'architecture de la cité athénienne – qui exprime l'Amitié – suit absolument le principe du cercle : elle se présente comme une série de cercles concentriques, au centre desquels se situe l'acropole où vivent les gardiens et où sont érigés les sanctuaires des dieux protecteurs de la cité, Hestia, Zeus et Athéna ; tandis que le plus grand des cercles circonscrit l'ensemble du territoire de la ville. Autour et au bas de l'acropole, sont distribués géométriquement les différents ordres de la cité totale (ville, faubourg des artisans, puis villages), les cercles étant divisés en douze quartiers égaux. Par ailleurs, cette disposition n'est pas figée, mais suit une dynamique circumambulatoire périodique.

L'architecture de la cité athénienne doit être comparée à celle de la cité atlante qui est constituée non seulement de figures circulaires, mais également de figures carrées (les districts) et rectangulaires (la plaine, les temples et les canaux). L'un des moments fondateurs de l'Atlantide est précisément la rupture de la structure circulaire, cinq anneaux concentriques primitivement tracés par Poséidon autour de la montagne centrale : ses descendants royaux brisent les cercles en édifiant un canal rectangulaire. Selon Pradeau, la différence entre les deux figures architecturales correspond à une différence d'unité, du cercle « enveloppant », l'on passe à la figure orthogonale qui permet la diversité des mouvements, « de telle sorte que le territoire atlante est traversé de mouvements aussi nombreux que différents et illimités ». Il y a donc une espèce de dégradation de l'unité et de l'harmonie des mouvements. Par ailleurs, ce passage du cercle au carré s'inscrit également dans un mouvement général d'expansion qui caractérise la cité atlante, expansion qui ne rencontre comme limites que celles du milieu naturel.

C 2. Les frontières de la cité et l'unité de l'âme

Au sein du plan primaire, les frontières psychophysiques (circulaires, puis quadrangulaires) peuvent être considérées à la fois comme la manifestation de l'unité des âmes et de la coïncidence des corps, et comme leur principe. L'on retrouve ainsi l'essence du projet politique platonicien de fonder une architecture conforme à l'âme, et qui la préserve des influences extérieures désorganisatrices. Sur le plan individuel, comme sur le plan collectif, l'unité et la totalité exigent les limites – processus psychologique que découvre Jung à partir de ses observations. A l'inverse, l'éclatement des frontières (rupture du cercle, puis rupture du carré) peut conduire à une forme de fusion qui est une perte d'identité. Le passage du plan primaire – aux frontières strictes, clos sur lui-même et gouverné par une instance centrale – au plan secondaire peut ainsi être interprété comme une rupture des limites : rupture de la coïncidence avec soi par un envahissement des données extéroceptives de manière concomitante à la rupture des limites spatiales.

L'unité de l'individu et de la cité nous semblent être profondément liées. Comment intégrer les trois plans ? Comment maintenir l'unité circulaire au sein du carré, et maintenir le cercle et le carré au sein de la nature ? Autrement dit, comment transcender la scission intérieure et réunir les trois plans de l'être ? Ce questionnement est présent chez Platon lorsqu'il intègre la question du milieu naturel à sa réflexion politique. Il prend en compte l'influence que peut exercer le monde sensible sur l'âme, et donc sur la cité – le milieu foisonnant est un risque de décentrement et de désorganisation. La question de la nécessité, de la place et de la nature des lois, et donc des régimes politiques, se pose chez Platon en regard de ce décentrement ; ce qui, pour nous, correspond à la question de la nécessité des consignes et des dispositifs régulateurs contraignants, lors du passage dans la danse du plan primaire au plan secondaire par l'envahissement des données de la sensibilité extéroceptive (qui entraîne la perte de l'ordonnancement spontané).

D. Inversion : spontanéité et pouvoir hétéronomes

Alors que dans le plan primaire la spontanéité individuelle et le « pouvoir » central (non agissant) sont liés, dans le plan secondaire, au contraire, ils sont disjoints et antagonistes. La danse contemporaine exprime cette disjonction lorsqu'elle recherche une pure spontanéité (laisser-aller sensitif) en refusant toute instance centrale pour aboutir aux figures chaotiques de corps éparpillés et distordus, ou encore aux monticules de corps – masse sans formes. L'impossibilité d'obtenir un ordre spontané du collectif conduit nécessairement les danseurs à réintroduire des consignes pour orienter la spontanéité et régler ainsi les mouvements, autrement dit à réintroduire un pouvoir central hétéronome sous l'aspect anonyme du dispositif. Cette disjonction entre spontanéité et ordonnancement est corollaire d'une temporalité de l'écoulement et d'un espace isotrope. C'est pourquoi les consignes consistent à rythmer le temps et à rompre l'isotropie de l'espace. Plus elles sont précises et strictes, plus le collectif est ordonné. Ainsi, les deux figures extrêmes (mais, en réalité, identiques dans le rapport à soi et à autrui qu'elles supposent) de la spontanéité hétéronome sont les montagnes humaines de Simone Forti et l'ordonnancement circulaire du panoptique de Bentham.

E. Les modalités symétriques du pouvoir central

Dans *Surveiller et Punir*, Michel Foucault fait une étude des systèmes disciplinaires, dont le panoptique de Bentham représente la figure la plus simple et la plus achevée. Son étude met en évidence la similitude des traitements qui sont infligés aux individus pour ordonner le collectif à travers « le dressage des corps » suivant des principes inspirés du modèle monacal. Le pouvoir s'exerce sur les sujets en imposant une discipline qui relève d'une « technique policière des corps ». « Le corps, écrit Foucault, est aussi directement plongé dans un champ politique ; les rapports de pouvoir opèrent sur lui une prise immédiate ; ils l'investissent, le marquent, le dressent, le supplicient. »[300] Pour établir ce champ politique, le pouvoir organise l'espace et le temps.

E.1 Clôturer l'espace

La discipline qui vise le contrôle minutieux des opérations du corps est, tout d'abord, un art de la répartition des individus dans l'espace. « La discipline, écrit Foucault, parfois exige la clôture, la spécification d'un lieu hermétique à tous les autres et fermé sur lui-même. [...] A chaque individu, sa place ; en chaque emplacement, un individu. [...] La discipline organise un espace analytique. Et là encore, elle rencontre un vieux procédé architectural et religieux : la cellule des couvents. »[301] La clôture permet de disposer chacun selon son rang dans un espace commun. Les individus sont ainsi distribués dans un espace qui n'est plus neutre selon leurs aptitudes et leurs conduites, de manière à exercer une constante pression sur leur comportement. Ce sont à la fois des espaces réels, « puisqu'ils régissent la disposition de bâtiments, de salles, de mobiliers »[302] et des espaces idéaux, puisque se projettent sur cet aménagement des valeurs, des hiérarchies. Il s'agit d'organiser le multiple en réduisant la spontanéité corporelle autonome.

300M. Foucault, *Surveiller et Punir,* Gallimard, 1975, p. 61.
301Ibid., p. 143.
302Ibid., p. 150.

Si nous comparons ce procédé à l'organisation spatiale spontanée du plan primaire, nous voyons que les *frontières* naturelles psychophysiques qui le constituent ont pour reflets inverses les *clôtures* artificielles, grâce auxquelles le pouvoir hétéronome coercitif rompt l'isotropie de l'espace (secondaire). Il y a là un renversement symétrique : alors que les frontières psychophysiques (primaires) sont les manifestations d'un rapport éthique et symétrique entre les individus ; les clôtures (secondaires) sont les principes d'un rapport de domination qui visent ultimement la réification des individus, la réduction des corps au rang de force de production, au rang de choses utilisables. Nous chutons de la *frontière* naturelle (spontanée) à la *clôture* (dispositif), en même temps que l'on passe de la contemplation à la scrutation. Dans le plan primaire, c'est l'ouverture des profondeurs de l'intimité qui dévoile spontanément une structure de l'espace, dans laquelle les corps vont s'ajuster et s'ordonner. Il y a un jaillissement *du dedans vers le dehors*. L'on a vu que tout un type d'architecture en est l'expression : architecture de bâtiments religieux, mais aussi d'organisation de villes ou de contrées[303]. A l'inverse, la mise en ordre par le pouvoir hétéronome opère *du dehors vers le dedans* : d'une structure imposée de l'espace et du temps, le pouvoir s'insinue jusque dans l'intimité des sujets pour contraindre leur attention et déterminer leurs mouvements.

E.2 Cadencer le temps

En outre, le quadrillage des corps dans le plan secondaire ne passe pas uniquement par un contrôle de l'espace, mais aussi du temps. Il s'agit tout d'abord d'un

---

303Voir C. Streckx, *Trace de mythes préchrétiens dans la légende de Locronan ?* Cénacle, à paraître.

contrôle du temps externe, puis d'un contrôle du temps interne – par lequel on parvient à un contrôle de l'intimité. Foucault prend l'exemple de certains emplois du temps scolaires précisément minutés. Dans sa forme ultime, le contrôle se fait par le biais d'une élaboration temporelle de l'acte. Il s'agit, écrit Foucault, d'une sorte de « schémas chronologique de l'anatomie du comportement » : l'acte est décomposé en ses éléments ; la position du corps, des membres, des articulations est définie strictement. Cette décomposition permet de coordonner les activités physiques individuelles pour les faire fonctionner ensemble. Foucault qualifie ce mécanisme de « microphysique du pouvoir ». Or, cette expression, « microphysique du pouvoir », nous pouvons tout à fait la reprendre pour l'appliquer au pouvoir du plan central en œuvre dans le plan primaire. En effet, il s'exprime aussi à travers la gestuelle la plus fine des danseurs, conditionnant l'étirement de la colonne vertébrale, l'inclinaison du port de tête jusqu'à la direction du regard, le rythme des pas, de sorte que les corps coïncident dans un agir commun. L'émergence du plan central, dans les gestes les plus anodins, apparaît notamment à travers les symétries[304] des déplacements et des postures. Le pouvoir central primaire détermine les gestes les plus élémentaires conformément à la spontanéité authentique, tandis que le pouvoir central secondaire la contraint ; le premier se déploie dans le sujet jusqu'à se rendre manifeste, tandis que le second s'exerce sur lui jusque dans son intimité – extériorisation et intériorisation sont les effets respectivement de la spontanéité autonome et de la spontanéité hétéronome.

304Sans cette symétrie, on pourrait penser que la posture et le geste sont entièrement subjectifs, puisqu'ils n'obéissent à aucune consigne, ni ne trouvent leur cause dans aucun autre fait.

F. L'ARCHITECTURE CIRCULAIRE DU PANOPTIQUE

Dans son essence, le pouvoir central secondaire est un dispositif qui s'appuie sur la capacité de la spontanéité hétéronome d'intégrer la norme : les sujets se sentant regarder, se soumettent et obéissent « spontanément ». « Celui qui est soumis à un champ de visibilité, et qui le sait, écrit Foucault, reprend à son compte les contraintes du pouvoir ; il les fait jouer spontanément sur lui-même ; il inscrit en soi le rapport de pouvoir dans lequel il joue spontanément les deux rôles ; il devient le principe de son propre assujettissement. »[305] Le panoptique de Bentham est la figure architecturale de ce principe. Avec le panoptique, l'on atteint à l'expression la plus pure du pouvoir central hétéronome. La simplicité de sa figure circulaire reflète parfaitement, en négatif, la simplicité du plan central qui est au principe du plan primaire. Le pouvoir hétéronome s'est insinué au sein de l'intimité entre le soi et le soi-même du sujet pour y déterminer la spontanéité. Au sein du plan secondaire, wu wei n'est plus de l'ordre de la vertu [toku] mais du dispositif[306]. En résumé, le pouvoir, que Foucault décrit, nous apparaît être une inversion du pouvoir central primaire inscrit dans les profondeurs de l'âme humaine – inversion qui doit se comprendre au sein de la progression globale, sous la forme d'une énantiodromie (qui progresse en s'inversant), du plan primaire au plan secondaire.

305Ibid., p. 204.

306Voir le *Traité de l'efficacité* (Grasset) de François Jullien qui, comprenant la spontanéité et le non agir au sens d'hétéronomie, en vient naturellement à identifier l'efficacité (wu-wei) de l'empereur au panoptique de Bentham.

Les Dioscures.

La symétrie des Dioscures symbolise
la relation des deux plans et des deux corps.
Pollux était immortel, tandis que
Castor avait le destin d'un homme.

Conclusion

Le corps, les Dioscures et la fondation de Rome

« Je suis avec « la femme de couleur » [la danseuse chinoise] dans une pièce où sont réalisées des expériences. Elles consistent à faire apparaître des « reflets ». Les autres personnes dans la pièce voient dans ces reflets des objets réels, tandis que la femme et moi-même savons que ce ne sont que des « reflets ». Nous sommes donc séparés des autres par un secret. Et ce secret nous remplit de *peur*[307]. »

Wolfgang Pauli,
Rêve du 27 novembre 1957

Nous avons ouvert notre étude en faisant le constat d'une double forme à la spontanéité corporelle, la spontanéité autonome, spontanéité ordonnée de façon géométrique ; et la spontanéité hétéronome, spontanéité chaotique, de type réflexe, qui est celle que chacun peut approcher lorsqu'il se « laisse-aller » en délaissant la réflexion au profit de la sensibilité – type de spontanéité que la danse Contact Improvisation et le butō explorent systématiquement. Cette distinction n'est pas nouvelle. Lu Tsou, par exemple, la posait déjà comme prémisse à sa pratique : « Quand on se meut stimulé par les choses extérieures, c'est l'instinct de la nature. Quand on se meut sans être stimulé par les choses extérieures, c'est le mouvement du ciel. »[308] Au fil de notre recherche, ces deux types de spontanéité se sont révélés être deux versants de la complexion humaine, la spontanéité hétéronome étant la symétrique de la spontanéité autonome, plus fondamentale. Nous avons ainsi cheminé de « l'homme seulement naturel qui s'empêtre dans l'extension avec la conscience perceptive » jusqu'à

307Souligné par W. Pauli.
308Lu Tsou, *Le secret de la Fleur d'or*, Librairie de Médicis, p. 110.

« l'homme Un ou homme total qui voit « double » »[309]. Le « cops animal » s'est révélé être le reflet (inversé donc) du « corps originel », lui même signe d'un plan psychophysique, inatteignable en soi.

C'est un principe de symétrie unique qui semble ainsi organiser la structure psychophysique humaine à tous ses niveaux. Ce principe de symétrie apparaît, avec évidence, comme étant ce qui gouverne le plan primaire, plan d'existence fondamental ordinairement voilé par le rapport sensible que nous entretenons avec le monde ambiant. Mais nous l'avons décelé également au sein du plan secondaire, quoiqu'il ne s'y donne pas directement. Pour l'y découvrir, il faut considérer simultanément le plan secondaire et le plan primaire. Les caractéristiques des deux plans, primaire et secondaire, sont symétriquement opposées ; de sorte que le défaut de principe de symétrie dans le plan secondaire doit lui-même se comprendre comme le reflet, symétrique, de la présence du principe de symétrie gouvernant le plan primaire. La symétrie est au principe de son propre voilement – de sa *rupture*.

Le thème de la symétrie se développe progressivement au fil des quatre cents rêves de Pauli que Jung analyse dans *Psychologie et alchimie*, à partir desquels il décrit le processus d'individuation. Le rêve numéroté 25 représente un point culminant, de son cheminement intérieur, où Pauli atteint une couche de portée plus universelle intégrant à la fois le conscient et l'inconscient. Ce rêve présente la symétrie comme étant le principe de développement général à partir d'un centre unique. « Il s'agit, décrit le physicien, de construire un point central et

309Voir le rêve de W. Pauli du 26 décembre 1955, *Correspondance Jung/Pauli*, Albin Michel.

de rendre la figure symétrique par réflexion en ce point. »[310] Jung souligne que ce développement met en rapport la sphère du conscient et de l'inconscient comme deux dimensions complémentaires, c'est-à-dire à la fois symétriques et opposées. « Chacun des côtés, commente Jung , doit correspondre parfaitement à l'autre comme son reflet, et ce reflet doit tomber au « point central ». [...] Comme la « droite » représente la conscience, son univers et ses principes, la « réflexion » doit entraîner une révolution de l'image du monde correspondante inversée. [...] L'inconscient, avec son ordre en majeure partie incompréhensible, devient le complément symétrique de la conscience et de ses contenus, quand bien même on ne voit pas encore clairement lequel se reflète et lequel est le reflet. [...] Deux mondes[311] correspondants, mais inversés par réflexion[312]. »[313] L'on retrouve donc bien, dans ce rêve de Pauli, la conclusion la plus générale que nous pouvons tirer de notre étude, à savoir que le plan secondaire et le plan primaire sont symétriques (et donc inversés). Le système dynamique, que forment ces deux plans, constitue ce que le physicien appelle un « automorphisme », c'est-à-dire un système physique ou psychique qui trouve sa dynamique intérieure par principe de symétrie.

« La question, écrit Pauli à Jung : « jusqu'où faut-il aller pour trouver une parfaite symétrie ? » semble en fin de compte nous ramener une fois encore – dans votre terminologie – au problème de la séparation du soi et du moi »[314] La portée du principe de symétrie se révèle pleinement, selon lui, lorsque l'on considère ensemble la science physique et la science psychique – principe même

310C.G. Jung, *Psychologie et alchimie*, Albin Michel, p. 224, rêve 25.
311L'inconscient atteint ici un caractère « cosmique », souligne Jung.
312Nous soulignons.
313Ibid., p. 225.
314W. Pauli, *Correspondance Jung/Pauli*, Albin Michel, p. 244.

de la « nouvelle science » qu'il annonce. « Si l'on se fixe pour but, écrit Pauli, d'obtenir une image unifiée du monde, il est tout à fait réjouissant de voir se dégager des relations nouvelles dans un domaine ayant pris déjà des dimensions telles qu'il inclut à la fois d'un côté le mythe des Dioscures et de l'autre les divisions en doublets des raies spectrales et les séparations d'isotopes. »[315] Dans *Aion* et *L'Âme et le Soi,* Jung fait également référence aux Dioscures. « L'homme est ce couple de Dioscures, dont l'un est mortel et l'autre immortel, qui sont toujours ensemble et ne peuvent pourtant jamais se constituer entièrement en unité. Les processus de transformation tendent à les rapprocher l'un de l'autre. »[316] « Pollux était immortel, tandis que Castor avait le destin d'un homme. »[317] L'on peut reprendre à notre compte le symbole des Dioscures : symétriquement opposés, ils représentent les *deux vies du corps,* l'une porte les marques du temps, tandis que l'autre porte celles de l'éternité. Ainsi le corps témoigne-t-il, dans ses ressorts secrets, dans sa spontanéité authentique, de cette vie universelle qui fonde et dépasse la vie individuelle ou, pour le dire avec Schopenhauer, que Pauli reprend, de cette Volonté, unique et indivisible, « dont l'univers est la manifestation ou le reflet »[318].

L'évocation des Dioscures nous reconduit finalement au problème de la fondation de Rome par Romulus. Lorsqu'il trace un cercle dans la terre à l'aide d'une charrue, Romulus définit un *lieu.* Au terme de cette étude, ce tracé nous semble être une expression conforme à l'âme et au

315Ibid., p. 284.
316C.G. Jung, *L'Âme et le Soi*, Albin Michel, p. 38.
317C.G. Jung, *Aion*, Albin Michel, 1983, p. 94.
318Schopenhauer, *Le monde comme volonté et comme représentation*, PUF, p. 361.

corps. En effet, la spontanéité autonome a pour vertu d'extérioriser des *frontières*, rompant l'étendue et organisant l'espace, dont le cercle (avec sa dynamique) est la première étape. A l'inverse des danseurs contemporains, nous soutenons que la posture droite et le lieu, avec ses frontières, sont naturels à notre corps originel et, par conséquent, au vivre-ensemble, à l'organisation et au gouvernement de nos cités. Par son geste inaugural, géométrie dans la terre, Romulus réunit les deux plans, autrement dit le devenir et l'éternité, ce qui passe et ce qui ne passe pas, posant les fondations d'un vivre-ensemble unifié, destiné à durer – une civilisation.

Postface

Par Baldine Saint Girons

Le livre de Bruno Traversi est fondé non seulement sur la pratique et l'enseignement du *katsugen'undo*, de l'*aikido* et de la danse *kagura mai*, mais sur une solide culture philosophique et scientifique qui leur donne toute sa portée. Étudiant des domaines en apparence très éloignés les uns des autres, il réussit à établir entre eux des liens que les différents spécialistes du jury de sa soutenance de thèse à l'Université de Paris Ouest Nanterre La Défense ont jugés probants. Ainsi s'inspire-t-il de façon inattendue, mais rigoureuse, à la fois de la philosophie de Plotin, de la psychologie analytique de Jung et de la physique quantique de Wolfgang Pauli. Et il a une grande familiarité avec l'œuvre du fondateur de l'*aikido*, Maître Ueshiba, puisqu'il participe à sa traduction et à son commentaire

Pluridisciplinaire, cet ouvrage est profondément philosophique, grâce à une interrogation constante sur l'articulation entre les différents types de savoir, de savoir-vivre et de savoir-vivre ensemble. Comme le rappelle Wolfgang Pauli, le « savoir scientifique » ne suffit pas : il nous faut un « savoir salvateur » qui s'intéresse au « soi » et qui rende au maître sa juste place. Si essentiel que soit le discours scientifique, il faut se souvenir qu'il y a en lui quelque chose que rien n'arrête, un « tout-savoir » qui efface le sujet de la parole (Lacan). Ce savoir universel et autonome, qui se moque des péripéties dont il est issu, il y a lieu de le relativiser par un discours autre, soucieux du sujet, de sa vérité, de ses possibilités de recentrement. Si les hautes figures des « sages » nous sont alors de la plus grande utilité, c'est qu'elles nous permettent de rabaisser celle des dogmatiques de toutes sortes, nantis d'un pouvoir exorbitant. Dans le « savoir-vivre philosophique», ce qui nous intéresse au premier chef est le perfectionnement d'un esprit, non pas pur, mais engagé dans un corps, non pas solitaire, mais vivant avec d'autres. La philosophie, en ce sens, est la chose du monde *la plus concrète* et se montre solidaire d'une pratique qui devrait en produire les signes quasiment palpables.

La voie que Bruno Traversi a choisie est donc indissolublement théorique et pratique : elle se situe au carrefour de la philosophie et des « pratiques corporelles » plutôt que dans la seule danse. Et cette recherche a pour cœur une réflexion tenace sur le statut et les mécanismes de la « spontanéité » – une des notions les plus difficiles et les plus paradoxales de la philosophie, et dont les antonymes sont à la fois l'imitation et la contrainte.

Le naturel, le spontané (ziran en chinois, shizen en japonais) est corrélé au non agir (wu wei). Qu'est-ce donc que la spontanéité qui se manifeste en moi sans moi et qu'est-ce que la non-action qui est pourtant la condition nécessaire, sinon suffisante, de toute action véritable ? Comment parvenir aux types d'états psychiques qu'elles préconisent sans m'engager dans une véritable régression ? Est-il vraiment possible de changer de plan, d'abandonner le registre de la vie ordinaire avec ses séquences ordonnées, temporellement irréversibles, et de me situer au moins provisoirement dans un autre monde, où je puisse me recharger en profondeur en entrant en relation avec quelque chose comme un centre, fût-il mythique ?

L'étude des textes et de la pratique du fondateur de l'aikido, Morihei Ueshiba forme le cœur de l'ouvrage de Bruno Traversi. Or, ses textes, étrangement méconnus, sont centrés justement sur le problème de la spontanéité et des conditions de l'action. Et c'est grâce à eux que Bruno Traversi nous fait saisir certains contre-sens, commis notamment par Steve Paxton, qui affadissent sa pratique en l'isolant de la théorie dont elle est issue. Partons donc de ces textes, plutôt que de l'opposition entre, d'un côté, la spontanéité hétéronome des danseurs de buto et des Contacteurs de Paxton et, de l'autre côté, la spontanéité autonome de l'aikido.

Bruno Traversi cite deux d'entre eux qui s'éclairent mutuellement. Le premier, extrait de « Ma méthode du sabre », traduit en collaboration avec Pierre Régnier rapporte l'expérience solitaire de Maître Ueshiba dans un jardin au milieu de la nuit. Il « se tenait debout là avec un sabre ». Trois actes se succèdent :

1) Apparition du fantôme blanc ou de « l'âme corporelle » (en chinois, bo s'écrit avec la clé de la couleur blanche). Ueshiba est frappé à la poitrine et au ventre, mais il fait disparaître le fantôme de façon indirecte, par la médiation du sabre, puis directe, par le regard.

2) Transformation du corps physique en phénomène transparent, tandis que le corps spirituel se réalise. « Il y avait une conscience de soi », « il y avait la sensation de tenir un sabre ». Bientôt, cependant, « il n'y eut plus ni sabre, ni moi-même, ni nuage de lumière. J'avais l'impression de subsister dans l'ensemble de l'univers ».

3) Retour à l'unité, celle du sujet absorbant l'univers et absorbé par lui, et émergence d'un sentiment de responsabilité, lié à la conscience du « devoir de la voie » : « L'univers, jusque dans ses extrémités, était régi par ma propre respiration. Et l'univers était rentré dans mon ventre. J'ai compris que c'était là le sens profond de la religion. [...] Dans mon cœur jaillit une reconnaissance pieuse [...] jusque pour le plus humbles créatures qui sont toutes les manifestations du travail de l'Origine unique de l'univers ». On passe ainsi de l'expérience d'un enveloppement réciproque du sujet et de l'univers à l'émergence non de la religion, mais de son sens profond, et à la prise conscience de la fécondité d'une origine commune.

Un autre texte, emprunté au texte Un avec l'univers, écrit par Takahashi Hideo, et traduit par Joffrey Chassat relate une réunion d'aikidō dans un dojo de Tokyo. Maître Ueshiba « se tenait debout là avec un sabre », figure immobile et armée, mais, cette fois, « face à un jeune élève ».

1) Discours d'Ueshiba : « Il ne faut pas regarder les yeux du partenaire. Parce que sinon votre cœur sera absorbé par son regard. » Le cœur est, rappelons-le, le siège de l'intelligence en Extrême-Orient. « Il ne faut pas regarder le sabre du partenaire. Parce que sinon votre qi est accroché par son sabre. Il ne faut pas regarder le partenaire. Parce que sinon on absorbe le qi du partenaire. Le véritable bu, c'est l'entraînement de la force de gravité qui absorbe entièrement le partenaire. C'est pourquoi il me suffit de me tenir debout ainsi ».

Les propos d'Ueshiba déclenchèrent l'hilarité des élèves. Leurs rires étaient-ils dus à la globalisation de l'interdit ou à son caractère apparemment extravagant ? Cet interdit de regarder est, de fait, rarement observé aujourd'hui, comme le rappelle Bruno Traversi, excepté dans l'école d'aikido que dirige Gérard Blaize.

2) Pratique d'Ueshiba. « Allez, viens ! », dit-il à un élève. Mais, « avant même qu'il eût fini de prononcer ses mots, son sabre s'abattit » : « Ainsi, si l'on voyait que le partenaire en position de garde était sur le point de bouger, on ne pouvait dire ensuite si c'était la pointe de l'épée qui s'était élancée vers sa gorge, ou si c'était l'élève lui-même qui avait été aspiré par elle. [...] Qu'est-ce que le maître avait pu bien faire ? » Tout se passe comme si le partenaire était entré dans un champ d'attraction et avait perdu la libre maîtrise de ses mouvements.

3) Explication d'Ueshiba : « Si le partenaire s'engage pour frapper, c'est par le fait même de penser me frapper qu'il se frappe et se blesse lui-même. [...] Pour moi, il n'y a pas de choses ; si je me tiens debout, le partenaire est aspiré ».

Par le wu wei, par le non agir, il n'est rien qui ne se fasse. De là les 3 + 1 principes de l'aikido : Ne pas avoir de garde, c'est-à-dire ne pas être sur la défensive. Ne pas regarder, c'est-à-dire réduire au minimum l'activité sensitive extéroceptive (de là des exercices qui ont parfois lieu la nuit). Ne pas attendre, c'est-à-dire ne pas réagir, mais avoir l'initiative. Ne pas être ouvert, frappable, renversable (principe dit de vérification).

On comprend alors très bien comment le partenaire n'est plus un adversaire. Mais comment soutenir qu'il n'y a plus de partenaire, ainsi que le fait Ueshiba ? L'essentiel est, selon lui, de « devenir un avec l'Univers en soi ». « En aikido, il ne s'agit pas de s'entraîner à vaincre un partenaire ou à devenir plus fort que lui. Pour être utile, ne serait-ce qu'un peu, pour la paix du monde humain, il faut que le cœur unisse le Soi au cœur de l'univers ».

Finalement, c'est tout un rapport à soi-même qu'il faut patiemment construire.

Quand on essaie d'éclairer ces textes l'un par l'autre, on rencontre au moins deux problèmes d'interprétation immédiate, du moins lorsqu'on est néophyte. La première concerne le regard : comment expliquer que Maître Ueshiba fasse disparaître son fantôme en regardant son sabre, puis en le regardant directement ? Sans doute un fantôme n'est-il pas un partenaire ; sans doute « faire disparaître » n'est-il pas atteindre. Mais la restriction extéroceptive ne s'impose-t-elle pas au Maître, debout et immobile ?

La deuxième difficulté concerne la prise d'initiative : « ne pas attendre ». Comment s'effectue le partage des rôles ? Lorsqu'il est seul avec lui-même, Ueshiba semble sur la défensive : il faut que l'âme spirituelle, le hun, s'affirme en effaçant l'âme corporelle, le po. C'est ce qui explique la transparence du corps et surtout du tronc, maintes fois relatée dans des expériences voisines.

Le récit de Takahashi, lui, se situe lui, du côté de l'offensive, même si la question demeure indécidable de savoir si l'épée s'est élancée vers la gorge, ou si la gorge de l'élève s'est présentée d'elle-même sous elle, comme par un effet quasi magique d'influence. « Qu'est-ce que le maître avait bien pu faire ? » Où est l'action ? Où est l'inaction ?

Peut-on généraliser l'appel à pareil type de concentration ou de mise en disponibilité ? Finalement, les quatre principes de l'aikido énoncés plus haut ne sont-ils pas des principes paradoxaux, inapplicables directement, mais fortement suggestifs, en ce qu'ils indiquent un lieu ou une absence de lieu, celui de l'Origine, dans laquelle l'opposition entre action et inaction, moi et non-moi, succession et concomitance, s'annihilerait ?

On est, en outre, frappé de la solution de continuité entre une situation de crise, où le péril semble intense, et la mise en scène irénique et quasi paradisiaque qui lui succède. En ce sens, la formule-clé du récit de Takahashi, heureusement traduite, est la suivante :

> « Dans le lieu qui s'offrait à nos yeux, Maître Ueshiba et l'élève se tenaient debout sur le même tatami ; mais, en réalité, une frontière les séparait. Le lieu où se tient debout Ueshiba est la frontière du ciel ouvert. »

Nous avons quitté le plan psychophysique de l'âme corporelle, *bo*, celui du dualisme âme-corps, du déterminisme et de la vitalité centrifuge. Et nous sommes sur la frontière d'un autre monde, « le ciel ouvert », proches d'un Centre hors-temps, celui du surgissement a-temporel et insituable de l'Origine. Est-ce le plan de la liberté, au sens où Leibniz la caractérisait comme *spontaneitas intelligentis,* ou encore comme *quod nec necessarium nec coactum est,* comme contingence dénuée de coaction ou de contrainte ?

Une remontée s'effectue au sein même de la monade, de sorte qu'un plan supérieur se dessine, auquel nous ne parvenons qu'exceptionnellement, mais dont nous sentons fortement le besoin dans nos sociétés où la course à l'adaptation est de plus en plus ruineuse d'âme, de liberté intérieure, et même d'amour –celui-ci perdant toute inconditionnalité.

Il me semble que nous sommes assez proches de la « sensation religieuse » ou du « sentiment religieux », que Romain Rolland décrivait « comme océaniques » et dans lesquels il voyait la principale « source de renouvellement vital » (*Correspondance 1923-1936*, éd. Hervé et Madeleine Vermorel, P.U.F., 1993). Il y a prise de conscience d'une énergie spontanément produite en soi, et par laquelle nous entrons en communication avec l'univers, comme si nous allions nous conjoindre à lui. Nous sentons alors notre appartenance à un grand Tout dont nous aurions fait sécession.

Bien sûr, les différences sont considérables d'une culture à l'autre, mais il y a dans ce type d'expérience, comme dans ceux que Michel Hulin étudie sous le nom de « mystique sauvage », une profondeur qui atteste l'existence d'un « tempérament religieux », peut-être universel, et dont la manifestation va souvent, sinon systématiquement, à l'encontre de religions déterminées. Même portée par des signifiants précis, l'évidence avec laquelle le sublime (ou ce qu'on peut appeler tel) réussit à s'imposer enveloppe un mystère, telle l'inaction si active de Maître Ueshiba.

Nous retrouvons par ce biais le problème de la spontanéité autonome ou hétéronome, qui est le centre même du travail de Bruno Traversi. Elle trahit d'abord l'impossibilité pour le sujet de se fixer en l'un ou l'autre de ces foyers antithétiques que constituent l'existence par autrui et de l'existence par soi. Le conflit est au fond inéluctable. C'est ce qui explique sans doute les incompréhensions dont a été victime l'aikido d'Ueshiba. Est-il possible de rester entièrement du côté de la spontanéité autonome ? Le plan secondaire ne conduirait-il pas, lui aussi, d'une certaine manière, au Centre ?

Comment trouver une loi en soi-même lorsqu'il s'agit de suivre une pente qui se découvre dans « le fur et à mesure » ? S'il est vrai que l'idée de loi est incompatible avec celle de spontanéité, alors l'idéal de spontanéité autonome offusque l'entendement. Mais cela ne l'empêche pourtant pas d'être efficient. Mieux : le seul idéal qui tienne est sans doute frappé d'impossible. Dans la mesure où l'effort suppose une ligne de conduite et la spontanéité, au contraire, son absence, nous oscillons entre deux exigences incompatibles : le contrôle et l'abandon, ou encore le saisissement et le dessaisissement. On voudrait croire que les deux temps se succèdent. Mais ils se télescopent bien davantage : c'est l'union des contraires qui devient source de fécondité et force est alors de reconnaître que le « naturel », lui aussi, lui d'abord, se construit.

Bibliographie indicative

Cazenave, M, *La science et l'Âme du monde*, Albin Michel, 1996.

Eliade, M., *Le sacré et le profane*, Folio,1987.

Frank, B., *Histoire qui sont maintenant du passé*, Gallimard/Unesco, 1987.

Jung, C.G., *Aion*, Albin Michel, 1983

Jung, C.G., *Commentaire sur la Fleur d'Or*, Albin Michel, 1979.

Jung, C.G., *Ma vie, souvenirs, rêves et pensées*,Gallimard, 1973.

Jung, C.G., *Mysterium conjunctionis,* Albin Michel, 1982.

Jung, C.G., *Psychologie et alchimie*, Buchet/Chastel , 2004.

Jung, C.G., *Psychologie et orientalisme*, Albin Michel, 1985.

Jung, C.G., *Psychologie et religion*, Buchet /Chastel, 1996.

Jung, C.G., *Synchronicité et Paracelsia*, Albin Michel, 1988.

Plotin, *Traité 53*, Cerf, 2004.

Plotin, *Traité 53,* Cerf, 2004.

Plotin, *Traité 54*, traduit par Agnès Pigler, cerf, 2004

Plotin, *Traités 1-6*, Brisson, L., Pradeau, J.-F. (eds), Flammarion.

Reeves, H., Cazenave, M., Solié, P., et al. *La synchronicité, l'âme et la science*, Albin Michel, 1990.

Schopenhauer, A., *Le monde comme volonté*, PUF, 1998.

Schopenhauer,A., *La volonté dans la nature*, PUF, 1998.

Sieffert, R., *Les religions du Japon*, POF, 1968.

Ueshiba, M., *Takemusu Aiki, volume 1*, Cénacle, 2008.

Ueshiba, M., *Takemusu Aiki, volume 2*, Cénacle, 2006.

Ueshiba, M., *Takemusu Aiki, volume 3*, Cénacle, 2010.

Wunenburger, J.J., *L'imaginaire*, PUF, 2013.

Wunenburger, J.J., *Le sacré*, PUF, 1990.

Remerciements

A

Jean-François Balaudé,
Professeur de philosophie,
président de l'Université Paris Ouest Nanterre,
pour ses conseils et sa direction

Anne Boissière,
Professeure de philosophie,
pour ses conseils et son soutien précieux

Michel Cazenave,
le spécialiste de l'œuvre de C.G. Jung et de W. Pauli,
pour sa grande disponibilité, ses conseils irremplaçables

Alexandre Mercier, Joffrey Chassat,
Pierre Régnier, Kaeko Murata, Seiichi Kurihara,
Pour leurs savoirs et leur aide

Pour avoir participé aux ateliers et nourri mes doutes :

Aurélien Brulois, Tristan O'Byrne, Boualem Bektaoui,
Fabrice et Marielle Sailly,
Bernard Laurent, Michel Dubois, Dr Maire-Helène Pierre,
Dr Claire Bigo, Dr Thierry Oszustowicz, Thomas Lebris,
Dominique Gabelle, Michel Dubois, Vincent Salomé
Jennifer Stanislawski, Amélie Carles, Clémence Janvre,
Stéphanie et Fabien Ribery, Robin Delanssays, Benoît
Delangue, Dany Ballan, Laurence Lagouche, Jacques
Vermeuken, Carole Jeanne, Jean-Pierre Louane, Pacsale
Fremau, Fabien Demede, David Vasseur, Frédéric Gaudet

Au département du SUAPS de l'Université de Lille3

« Cherche-Le à partir de toi-même et apprends qui est ce qui s'approprie tout en toi [...] et découvre d'où vient le fait de s'attrister et de se réjouir, et l'amour et la haine, et le fait d'être involontairement éveillé et involontairement endormi, involontairement en colère et involontairement amoureux. Si, disent-ils, tu explores exactement cela, tu Le découvriras en toi-même, comme Un et multiple, correspondant à ce point en trouvant en toi-même le passage et l'issue »

Monoïmos

Table des matières

Philosophie

aux éditions L'Harmattan

Dernières parutions

L'ENFANT, LA LITTÉRATURE ET LA PHILOSOPHIE
Chirouter Edwige
La pratique de la philosophie avec les enfants se développe partout dans le monde, démocratisant une discipline scolaire jugée trop souvent comme hermétique et élitiste. Les programmes de littérature à l'école primaire en France insistent sur cette dimension et incitent à des «débats réflexifs». Littérature et philosophie pourraient retrouver leur alliance originelle : les deux disciplines visant à donner sens et intelligibilité à notre existence. Cet ouvrage est aussi le récit d'une expérimentation sur trois années consécutives dans une école élémentaire.
(Coll. Pédagogie : crises, mémoires, repères, 27.00 euros, 264 p.)
ISBN : 978-2-343-05379-0, ISBN EBOOK : 978-2-336-37625-7

LECTURE DE L'ANTHROPOLOGIE DE BLAISE PASCAL
La quête du sens de la vie
Bere Zacharie
Tout homme sensé a un objectif dans la vie et vit en vue de la réalisation de soi. Or Pascal constate qu'il y en a qui tuent le temps dans l'ennui ou à s'occuper de bagatelles, au lieu de se préoccuper de leur destin. Une partie de l'Apologie de Pascal s'adresse à l'homme pour l'inquiéter sur la situation qu'il vit et mettre en lui le désir de s'engager à l'essentiel : chercher Dieu. Cet ouvrage propose une lecture herméneutique de l'anthropologie de Pascal dans les *Pensées*.
(Coll. Harmattan Côte-d'Ivoire, 12.50 euros, 114 p.)
ISBN : 978-2-343-05790-3, ISBN EBOOK : 978-2-336-37635-6

FRIEDRICH NIETZSCHE ET LA PHILOSOPHIE DU DROIT ET DE L'ÉTAT
Kazantzakis Nikos - Présentation, traduction et notes de Bénédicte Hardouin et Pothitos Roumeliotis, 2004 ; révision de Bénédicte Hardouin, 2015
Le futur auteur de *Zorba le Grec*, Nikos Kazantzakis signe ici sa première incursion hors du roman. Il y «décortique» Nietzsche, sa philosophie, sa vie et son époque. Il s'interroge sur les thématiques chères à Nietzsche : le nihilisme, l'homme, le libre arbitre, la volonté de puissance, la morale, la religion, l'État, et nous livre sans détour ses réflexions sur l'évolution de la religion et sur le début du XXe siècle.
(Coll. Ouverture Philosophique, 12.50 euros, 110 p.)
ISBN : 978-2-343-05829-0, ISBN EBOOK : 978-2-336-37604-2

NIETZSCHE ET L'ÉDUCATION
À l'école de l'Antiquité
Dumonteil Julie
Au cours de sa vie Nietzsche ne cessa de s'interroger sur le rôle formateur de l'Antiquité gréco-latine dans l'éducation. Ses publications, ses autobiographies, ses lettres, ses dissertations, ses discours, ses conférences, ses notes ou fragments abordent différents aspects du sujet, donnant une vue d'ensemble sur ce que doit être la véritable culture. Dans cette abondance d'écrits divers, il livre une réflexion foisonnante et fertile sur la valeur éducatrice de l'Antiquité.
(Coll. Éducation et philosophie, 15.50 euros, 150 p.)
ISBN : 978-2-343-06065-1, ISBN EBOOK : 978-2-336-38196-1

MICHEL FOUCAULT, LA POLITIQUE COMME GUERRE CONTINUÉE
De la guerre des races au racisme d'État
Sur le Cours au Collège de France, «Il faut défendre la société»
Groulx Richard
La guerre est-elle un accident des sociétés ou appartient-elle à leur constitution même ? Telle est la question posée par Foucault dans son Cours de 1976 « Il faut défendre la société ». Renversant le célèbre aphorisme de Clausewitz sur « la guerre prolongée par la politique », il démontre comment un « dispositif de guerre » s'est introduit dans le discours politique moderne comme « guerre continuée » ou guerre nécessaire à la fois comme guerre des races, lutte des classes, social racisme et racisme d'État.
(Coll. Ouverture Philosophique, 28.50 euros, 280 p.)
ISBN : 978-2-343-06226-6, ISBN EBOOK : 978-2-336-37691-2

HANNAH ARENDT
Patience de l'action
Hurtado Jordi Carmona
Ce livre est une tentative de remémoration d'une situation politique précise, celle qui se déclencha à Madrid le 15 mai 2011 et qui ne peut se comprendre qu'au regard des révoltes et révolutions dans plusieurs pays arabes, suivies, de par le monde par les différentes vagues d'Occupy. Cet essai voudrait constituer un témoignage de ce monde d'assemblées et d'occupations des places en référence à l'œuvre de Hannah Arendt, abordée suivant deux ordres de questions : l'insistance sur la constitution de «conseils» et la constitution d'une «pensée plurielle».
(Coll. Ouverture Philosophique, 34.00 euros, 336 p.)
ISBN : 978-2-343-05769-9, ISBN EBOOK : 978-2-336-38197-8

EAU ET REFLETS
Dans la philosophie de Platon
Houlle Thierry
Ce livre cherche à montrer comment l'eau, à la fois réalité et symbole, nourrit la pensée de Platon. Quelle est l'origine de cette thématique et quelles en sont les finalités ? À travers ces interrogations, il s'agit de mettre en lumière la fonction de cette matière particulière dont les aspects sont déclinés de manière originale dans l'ensemble de son œuvre.
(Coll. Ouverture Philosophique, 31.00 euros, 294 p.)
ISBN : 978-2-343-04083-7, ISBN EBOOK : 978-2-336-37800-8

VIE ET ÉTHIQUE, DE BERGSON À NOUS
Njoh Mouelle Ebénézer, Kenmogne Emile
Voici les actes du colloque de l'Université de Yaoundé I, «Vie et éthique de Bergson à nous». Les contributeurs ont marqué le contenu de ce livre par des communications témoignant d'un souci manifeste de «prolongement en renouvellement de la pensée de Bergson». Tout à fait au cœur du thème de la vie et de l'éthique, d'autres communications ont porté sur la procréation médicalement assistée, l'ingénierie génétique et même sur la question de la brevetabilité des produits de recherches sur le patrimoine génétique humain.
(Coll. Éclairages philosophiques d'Afrique, 38.00 euros, 380 p.)
ISBN : 978-2-343-06064-4, ISBN EBOOK : 978-2-336-38120-6

L'ÉCOLE DE FRANCFORT ET LA CRITIQUE DE LA MODERNITÉ
Le paradoxe de l'œuvre d'art
Fié Doh Ludovic
Réalité autonome et fait social, l'œuvre d'art est le produit de la société sans être une copie, traduisant l'ordre établi. Entité utopique l'œuvre d'art est l'antidote au désenchantement du monde. Comme tel, elle est promesse de liberté et de bonheur authentiques dans un univers de production-reproduction, soumis au principe du rendement. Et dans un monde pris par les rets d'une mondialisation technocapitaliste et totalitaire, il est impérieux de penser, avec l'école de Francfort, le caractère subversif et utopique de l'art si l'on veut endiguer les avatars de la modernité.
(Coll. Ouverture Philosophique, série Esthétique, 14.00 euros, 136 p.)
ISBN : 978-2-343-06158-0, ISBN EBOOK : 978-2-336-37707-0

LE GÉNIE DU CERVEAU HUMAIN ET SES MERVEILLES (Tome 1)
De l'anthropologie quantique comme science ultime de l'homme
Bamony Pierre
La technoscience contemporaine est un frein au progrès de la science. Prenant appui sur les données de la physique quantique, les investigations présentes prouvent que l'impasse liée à la recherche de l'unification de la science résulte de la nature même de la raison philosophico-scientifique. Car l'unité de la matière réside dans le concept d'Uponis et la particule NEEPRON, genèse de toutes les autres et source d'une perception merveilleuse de la réalité visible ou invisible.
(26.00 euros, 262 p.)
ISBN : 978-2-343-05130-7, ISBN EBOOK : 978-2-336-38072-8

LE GÉNIE DU CERVEAU HUMAIN ET SES MERVEILLES (Tome 2)
Anthropologie quantique et tehnoscience
Bamony Pierre
Ces recherches proposent une autre conception du genre humain. Dès lors, elles considèrent que les neurosciences qui étudient le cerveau humain de manière émiettée manquent de le connaître. Or, comprendre le cerveau dans son ensemble permet de lever le voile sur la continuité de ses productions et sur ses pouvoirs extraordinaires toujours actuels ; car ce que découvrent aujourd'hui

les technosciences ne diffère guère des savoirs et des pratiques des cerveaux quantiques, avec plus d'habileté et de simplicité dans les actes.
(20.00 euros, 202 p.)
ISBN : 978-2-336-30772-5, ISBN EBOOK : 978-2-336-38068-1

L'ART D'EXISTER – Le bonheur est possible
Sous la direction de Marc Garcet et Serge Dalla Piazza
Toute l'existence est basée sur la recherche du bonheur, mais quel sens donner au bonheur si le bonheur n'avait pas de sens en soi ? Et s'il n'y avait qu'un équilibre précaire qu'on atteint que rarement et qui se désagrège de suite ? Cette recherche d'équilibre rejoint l'œuvre de création. Mais comment s'épanouir dans la répétition et s'accommoder de la consommation ? Dans notre société intellectuelle et rationnelle, l'épanouissement serait une forme d'élitisme par opposition à la consommation du prêt-à-manger, du prêt-à-porter, à dire, à faire, à penser.
(Coédition AIGS (Association Interrégionale de Guidance et de Santé), Coll. Au carrefour du social, 25.00 euros, 244 p.)
ISBN : 978-2-343-05683-8, ISBN EBOOK : 978-2-336-38075-9

GÉNÉALOGIE DE LA MONDIALISATION
Analyse de la crise identitaire actuelle
Ziade Pierre - Préface de Rolf Kühn
Cet ouvrage propose une lecture philosophique du phénomène de la mondialisation et de la crise identitaire actuelle basée principalement sur la phénoménologie de la vie instaurée par Michel Henry (1922-2002). Devant les contradictions et les paradoxes divers vécus au cœur de la mondialisation, un essai phénoménologique nous mène à rechercher le commencement originaire perdu en retournant aux fondements de la subjectivité et de la communauté vivantes où la culture, la technique, l'économie et la politique vivantes demeurent connectées dans leur rapport originaire à l'univers vivant.
(Coll. Ouverture Philosophique, 30.00 euros, 290 p.)
ISBN : 978-2-343-06340-9, ISBN EBOOK : 978-2-336-38198-5

LES TRACES DE LA CROYANCE
Ce que les objets nous permettent
Brocchini Ilaria
Les objets nous parlent et, par ce qu'ils disent, ils nous agressent ou nous réconfortent, ils nous soulagent ou ils nous attristent. Les objets peuvent quelque chose pour nous. Pourtant, nous le savons, les objets n'ont que les pouvoirs que nous voulons bien leur donner. Pourquoi donc les objets ne restent-ils pas muets ? Pourquoi croyons-nous à ce qu'ils nous racontent ?
(17.00 euros, 172 p.) *ISBN : 978-2-343-05656-2, ISBN EBOOK : 978-2-336-38093-3*

L'HARMATTAN ITALIA
Via Degli Artisti 15; 10124 Torino
harmattan.italia@gmail.com

L'HARMATTAN HONGRIE
Könyvesbolt ; Kossuth L. u. 14-16
1053 Budapest

L'HARMATTAN KINSHASA
185, avenue Nyangwe
Commune de Lingwala
Kinshasa, R.D. Congo
(00243) 998697603 ou (00243) 999229662

L'HARMATTAN CONGO
67, av. E. P. Lumumba
Bât. – Congo Pharmacie (Bib. Nat.)
BP2874 Brazzaville
harmattan.congo@yahoo.fr

L'HARMATTAN GUINÉE
Almamya Rue KA 028, en face
du restaurant Le Cèdre
OKB agency BP 3470 Conakry
(00224) 657 20 85 08 / 664 28 91 96
harmattanguinee@yahoo.fr

L'HARMATTAN MALI
Rue 73, Porte 536, Niamakoro,
Cité Unicef, Bamako
Tél. 00 (223) 20205724 / +(223) 76378082
poudiougopaul@yahoo.fr
pp.harmattan@gmail.com

L'HARMATTAN CAMEROUN
BP 11486
Face à la SNI, immeuble Don Bosco
Yaoundé
(00237) 99 76 61 66
harmattancam@yahoo.fr

L'HARMATTAN CÔTE D'IVOIRE
Résidence Karl / cité des arts
Abidjan-Cocody 03 BP 1588 Abidjan 03
(00225) 05 77 87 31
etien_nda@yahoo.fr

L'HARMATTAN BURKINA
Penou Achille Some
Ouagadougou
(+226) 70 26 88 27

L'HARMATTAN SÉNÉGAL
10 VDN en face Mermoz, après le pont de Fann
BP 45034 Dakar Fann
33 825 98 58 / 33 860 9858
senharmattan@gmail.com / senlibraire@gmail.com
www.harmattansenegal.com

L'HARMATTAN BÉNIN
ISOR-BENIN
01 BP 359 COTONOU-RP
Quartier Gbèdjromèdé,
Rue Agbélenco, Lot 1247 I
Tél : 00 229 21 32 53 79
christian_dablaka123@yahoo.fr

656408 - Mai 2016
Achevé d'imprimer par

1livre.com
du rêve à la réalité !